U0139562

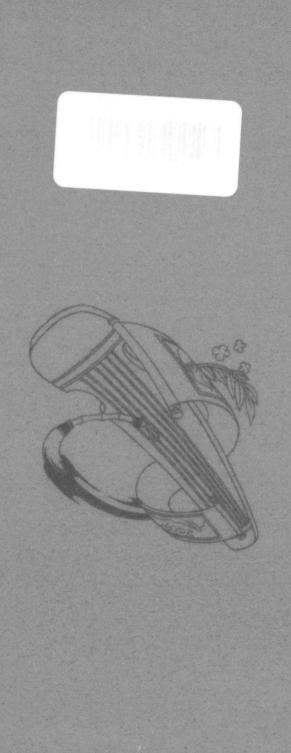

夏葳 著

王维传

释放自己，便生欢喜

江苏凤凰文艺出版社
JIANGSU PHOENIX LITERATURE AND
ART PUBLISHING

天才李白，浪漫不羁

地才杜甫，心系苍生

人才王维，回归本心

文字乃心

序 / 如山

真正的文字是心灵的浅唱低吟，文学须让心灵安住。

真正的文字首先应该是说给自己听的，我抒我心。至于共鸣，亦是人生之幸，不能有一丝一毫的勉强。文字本无高下，不过性情使然，且人之天分才学也不一而足，唯喜欢而已！

真正的文字是有生命的，超越古今，超越山河，一路艰辛，偏与你见着，便生欢喜，于是流进你心灵之府，充盈你的生命。

真正的文字是身体之外的柔软，无关名利，不计得失，沿着文字的印迹，找到心灵的归宿。

雕琢时光，赋予其神圣，生命因为文字而将心灵之光照耀眼下平实的生活。除去高矮瘦胖，单纯作为人，生理上的人，似乎相差无几，然而在其内心，不同的理念、思想，却有着天壤之别。有时不免这样想，能领略高尚的精神世界，是件多么赏心悦目的事。

于是，有幸读了夏葳的《释放自己，便生欢喜——王维传》，自然最是赏心悦目。

诗，一条心灵的红线，在历史长河涓涓而流，无诗不成史，人类文化亦是诗的文化。中国更是诗的王国，古今多少人，浅唱低吟，远近多少事，诗情画意。诗人，恰是这王国中的帝王，或喜悦或哀怨，或悲伤或愤慨，于是长歌当哭，短句咏志，化作不朽。有人说中国作为至今唯一存在的文明古国是因为四大发明、长城、民族融合，其实还有诗，这样也许失之唯心，但诗作为文化血脉，作为民族心灵，而亘古长存。

诗入灵府，如酒如茗，陶醉之，沉吟之。

读王维，不仅读其诗，读其人生，更应读其深沉的内心，读其豁然开朗的人生态度。古今人之性情有常，现实之境遇乃无常，内心有宽窄，灵魂有厚薄，而时下社会压力浮沉，人心躁动难安，读王维，无疑一剂清凉，回归平静而关照自我。游者总是如水去，留得半愚在人间。

"风劲角弓鸣，将军猎渭城"是王维，"大漠孤烟直，长河落日圆"是王维。"明月松间照，清泉石上流"是王维，"行到水穷处，坐看云起时"也是王维。

"月出惊山鸟，时鸣春涧中"是王维，"红豆生南国，春来发几枝"是王维。"新丰美酒斗十千，咸阳游侠多少年"是王维，"独在异乡为异客，每逢佳节倍思亲""劝君更尽一杯酒，西出阳关无故人"更是王维。

读诗，乃心灵对接。

多少美好的情思从古人心中汩汩流出，一泻千古，仿佛古人识得今人心，今天读来不止朗朗上口，更是发人深省，意味深长。

古人无明镜，相照赖人心。王维，诗写自己，亦写古今。入眼心成画，入心即为诗。诗画景，亦画心，故诗中有画。画传景，也传心，故画中有诗。东坡云王诗"诗中有画，画中有诗"，此之谓也。景明如画眼相照，信手成诗心拈来。

岁月浑如石，耐磨方成镜。

大千世界，芸芸众生，于人于事投之一生的凝视，只为换得哪怕一瞥多情的回眸。人生一世，总有得意抑或失意，欢喜或者忧虑，喧闹或者沉寂，投射于心而诗之歌之，故超然而得自适。

"君自故乡来，应知故乡事"，读王维的诗，定然要知王维的事，方可懂王维的人。揭开历史的幕帷，心灵恍然穿越，每一首诗顿时鲜活起来。

王维其人，是不幸的，少年丧父，中年丧妻，又是最幸的，少年得志，一生富足。王维其生，是入世的，状元及第，官至尚书，又是出世的，半官半隐，山水田园伴佛禅。

王维，作为隐逸诗人，其诗多为绝唱，其人远不及李白杜甫白居易家喻户晓，其传自然难以成记。

今夏葳作成，可以想见其辛苦。非用心文字，何来洋洋洒洒，非热爱文字，谁能娓娓道来，苦于此者定乐于此，况夏葳于此道已十多年矣，从《诗经》写起，写完苏东坡又写杨绛，古今人物信然于心而不亦乐乎，今日又见夏葳之《王维传》，心里为她说不出的高兴，同时也深切地为她担心，"为伊消得人憔悴，衣带渐宽终不悔"，文字乃心，亦是绞尽脑汁呕心沥血为之。

不妨，沿着夏葳的笔触，让我们到达。

这是一个光芒四射的年代，也是一个诗情画意的年代。梦想与现实交织，灵魂与肉体撕扯。梦回唐朝，握手王维，用心谛听他的豪、健、幽、柔。

其豪，少年得志，便有一泻千里的恣意汪洋，"相逢意气为君饮，系马高楼垂柳边"。

其健，才学卓绝，自然超凡脱俗的风华不羁，"一身转战三千里，一剑曾当百万师"。

其幽，故人归来，洗尽铅华亦是人性尽得释然，"兴来每独往，胜事空自知"。

其柔，物我两忘，山水田园原来此处一地悠然，"兴阑啼鸟换，坐久落花多"。

王维的诗是有温度的，是阳光，激情满怀，不妨直抒胸臆；是月光，柔软贯肠，尽可曲径通幽；是星光，一地微弱，亦是一路清亮。

王维的诗是有厚度的，如高山，山高乃空，空山不见人，但闻人语响；如清泉，泉清因流，明月松间照，清泉石上流；如净雨，雨净而新，空山新雨后，天气晚来秋；如轻风，风轻成闲，我心素已闲，清川澹如此；且从容，荣华退尽，山河闲走，清水风流，人散天凉月如钩。

王维是儒，积极入世。王维是道，寄情山水。王维是佛，禅意文字。伟大的诗句来自如何的心路历程，不凡的人生又是怎样的人间过往。诗人王维，佛于尘世盛开的一朵花，偈语亦是寄语，梵唱恰是绝响。

大哉王维，诚然如斯。

目录

卷一：少有才名，浩荡风流初现

喜事盈门，名门世家添新丁

长安元年（公元701年），春和景明，百卉含英。

是时，祁地的春意已经酽浓，古城的西街上，杂花生树，满眼生机盎然的跃动。那日，王家豪宅檐角的大红灯笼昭示着新春的瑞吉，院中玉兰吐纳出脱俗的清香，翠竹簇拥的房内，随着一声清脆婴啼的响起，新生的欢喜，便绽放在每一个人的眉睫之上。

父亲王处廉欢天喜地地到厅堂进香，在家族宗亲的牌位前，他虔诚静默，眼中隐含泪光。自此，王家这一脉，后继有人。不知这位年轻的父亲可曾料到，他的长子，有朝一日会扬名天下，成为一代文宗，山水、田园诗派的巨人，文人画的开山鼻祖。

进香完毕，他步入后堂，和妻子一起，喜不自禁地望着襁褓中的男婴饱满的天庭和粉嫩的面颊，享受着初为人父的欢喜。

美眷稚子，月圆花好，生活是这样的妙不可言。

对于命运植下的种种因缘福祸，他们无力洞悉，但作为父母的疼爱，从未停歇——就像彼时在心里经久的默念：对于这个孩子，他们一定要尽自己最大的努力，疼惜他，教育他。

父亲王处廉和母亲崔氏，经由父母之命、媒妁之言缔结良缘。两个人性情相近，灵魂投契，可谓同心同德，琴瑟和鸣。

母亲崔氏，善良贤淑，是高僧大照禅师的俗家弟子，自幼持戒食素，拥有一颗虔诚的佛心。她和丈夫商量后，为儿子取名王维，字摩诘，合起来就是维摩诘。这个名字取自她经常诵读的一本书——《维摩诘所说经》。书中的维摩诘是一位住家修行、法力高深的佛教著名居士。维摩诘意为以洁净、没有染污而著称的人。诚如经书所言："清净佛土，寂寞无言，无说无示，无识，无作，无为。"

维摩诘居士在佛学修养方面造诣颇高，很多菩萨不远万里，于四面八方赶来向他请教问法。

相传，文殊菩萨曾质疑维摩诘："你既是一位大菩萨，却又拖家带眷，怎会自在呢？"

维摩诘坦然一笑，答曰："我母为智慧，我父度众生，我妻是从修行中得到的法喜。女儿代表慈悲心，儿子代表善心。我有家，但以佛性为屋舍。我的弟子就是一切众生，我的朋友是各种不同的修行法门，就连在我周围献艺的美女，也是四种摄化众生的方便。"

心无挂碍天地宽。即便有妻有子，有着世俗生活的鸡零狗碎，维摩诘也能无垢相称，自得解脱。

这正是王维父母的心系所在。

这世上所有的父母，在为孩子命名的那一刻，都是这样心怀虔诚。

名字，如同一枚深嵌于血液的澄澈胎记，会在身处逆境时给人璀璨而温暖的力量，那是父母赐予生年的最初的福佑。

不负此名，多年之后，王维也活出了维摩诘的自在清澹。他从不曾因世俗秽杂而心生厌弃，反将俗世间的欲念冷暖细细享用，染一身俗尘，其心却始终纯净如初。故而，如今才情高致的人，学着做个散发弄扁舟的李白、为秋风茅屋怒歌的杜甫、人生长恨水长东的李煜都容易，唯独如王维这般，积极入世可官至拜相，退享山水能赋诗作画弹琴，心却不存执念，自适坦然，最是难为。

王维的父族"太原王氏"，是当时的名门望族。凭借祖上荫功和贵族身份，从汉朝始，王家世代为官。王维的高祖父王儒贤，官至赵州司马；曾祖父王知节，任扬州司马；祖父王胄，曾是大唐王朝首屈一指的朝廷乐官，音乐造诣颇深。一把琵琶，弹得冠绝天下。引之于山，兽不能走。吹之于水，鱼不能游。

王维的父亲王处廉，在汾州司马任上，清雅、温和、恭敬、有识，是个秉持忠孝的读书人。

因此，用世代簪缨这个词来描绘"太原王氏"这一支，毫不为过。

唐朝是个开放、宽容的国度，但论及门第出身，却是等级分明。所以，一个高贵的出身非常重要。

即便自隋唐起，已否定门第选官，开始实行科举考试，学而优则仕，寒门子弟历经十年苦读，可以凭借自己的才能、实力走上仕途，但依然改变不了世家大族独享崇高的威望、优厚的特权的社会现实。

历史上的贵族政治，魏晋南北朝和唐朝两个时期最为辉煌。

"朱雀桥边野草花，乌衣巷口夕阳斜。旧时王谢堂前燕，飞入寻常百姓家。"刘禹锡这首《乌衣巷》家喻户晓，说的就是王氏的另一支琅琊王谢家族。东晋时，乌衣巷是开国元勋王导和指挥淝水之战的谢安等高门士族的居住之地。当年，乌衣巷口衣冠来往，车马喧阗，其繁盛热闹程度，绝不是夸张。

琅琊王氏衰败后，太原王氏崛起。

在唐代，博陵崔氏、赵郡李氏、清河崔氏、范阳卢氏、荥阳郑氏、太原王氏、陇西李氏，并列为五姓七族高门。

为捍卫本族纯正的贵族血统，"五姓七家"拒绝和外人互通姻缘。

为此，盛唐宰相薛元超曾痛陈平生三大憾事：一是未进士及第，二是无缘娶五姓女为妻，三是志修国史心愿未了。

晚唐的文宗皇帝，有意和宰相郑覃攀亲，想让郑覃的孙女嫁给皇太子，孰料，郑覃宁可把孙女嫁给九品官的崔氏，辜负了皇帝的美意。为此龙颜不悦："民间修婚姻，不计官品而尚阀阅，我家二百年天子，顾不及崔、卢耶？"

但也只能不悦罢了，姻缘之事，无非是两相情愿，强求不得。

连高官、皇族都被拒之门外，可见"五姓七家"门第观念之森严，他们在当时社会的地位及影响的深重。

因而，即便盖世奇才，狂放纵歌"安能摧眉折腰事权贵，使我不得开心颜"的李白，亦未能免俗，自称"陇西布衣"，向从陇西发迹的李氏王朝靠拢，祈愿谋个官职爵位，实现为国建功立业的远大理想。

带着金钥匙出生的王维，家族已然显赫，他的母亲崔氏，出身于另一个望族——博陵崔氏。所以，王维的血液里，流淌着一种与生俱来的高贵血统，是同时代的李白、孟浩然所不及。

得益于名门世族的流风余韵，自幼年起，王维就开始接受正规化的贵族教育，父亲王处廉亲授诗文，母亲不仅教他画画，还教他佛经。得益于父母耳濡目染的熏陶，聪颖早慧的小王维，过目能诵，出口成章。诗文、书画、音乐、舞蹈，无一不熟习。

在父亲勤勉的教育与督促下，他博览群书，以开阔心境视野，或练习琴棋，以陶冶心性情操。

"独坐幽篁里，弹琴复长啸。深林人不知，明月来相照。"

他记得，有明月的傍晚，母亲会在房间里弹琴。悠扬的琴声中，母亲的侧脸静如古瓷，清雅秀美。琴声如月光，如流水，一地清辉，打湿阶前的青苔。而他悄声越过石阶，快步跑到那片竹林里去。

月光之上，是湛蓝碧透的天。竹林里的月光，带着森森的凉意，扑打在他的眉睫上。月下有翩然飞舞的虫蛾，像遗落人间的粲亮星子。他和虫蛾嬉戏，看月光拂过万物，听星辰碎碎低语，感受夜色里静谧的一切。返回时，月上中天，母亲在灯下穿针引线，他蹑手蹑脚地走进房门，站立在母亲身后。

温良的母亲并不责怪他的调皮。她会替他拭去脸上的汗渍，然后微笑着牵起他的手，满目慈爱。

总角之年，突来的一场巨变

祁地。太原王氏。

庭院内古木蔽天，绿水无波，竹吟细细，簌簌幽林。三分水、二分竹的园林布局，为古色古香的亭台屋舍，平添一分水色润泽。

王家的几个孩子，亦因这份润泽，在和风里吐绿纳新，茁壮成长。

长子王维和父亲王处廉尤为亲近。不仅因为父子情深，还有骨子里的契合，他们都是喜欢安静的人。九岁的王维，已提笔能写诗文，清流涓涓，意趣横生。王维擅草书、隶书，挥毫落笔间，如涌云烟。

更令王处廉惊喜的是，在音律方面，王维继承祖父遗风，任何一种乐器，在他的手里，都能弹出动听的旋律。

一块璞玉，被光阴雕琢，凸显明亮的线条，这是作为父亲的骄傲。王处廉知道，长子心中自持一颗灵性的种子，他等待着奇迹。父亲料到了未来，却未及看到结果。

造化弄人，意外似乎比明天总是先来一步。

那天，王维和二弟王缙端坐在书房，跟着私塾先生诵读经史子集。母亲崔氏坐在厅堂里，教几个女仆做针黹女红。她的脸上，洋溢着微笑，娴静若枝上玉兰。

忽然，门外传来一阵纷乱的脚步声，继而是噼里啪啦一阵急促的敲门声。大门打开，跟随王处廉多年的老仆王喜，老泪纵横地走进门里。

崔氏大惊失色，忙问何事。

王喜满面悲怆地禀告夫人："在由汾州回来的路上，老爷忽然从马鞍上栽倒下来，人事不省。请了太医，已是不及。"

听此噩耗，崔氏叫了一声："老爷！"当即昏厥在地。惊慌失措的仆人们，有的忙掐人中，有的跑去叫大夫，乱作一团。

王维和二弟王缙闻讯从书房奔出，他们跪倒在母亲身边，拉着母亲的手叫着摇晃着，使出了平生最大的力气。

过了好久，一点血色在面如白纸的崔氏脸上慢慢晕开，她睁开眼睛，眼神空洞，毫无生气。看到簇拥在她面前的孩子们时，泪盈于睫，滚滚滑落。

崔氏紧紧地把孩子们拥在怀里。

父亲去了，王家的天塌了。

不谙世事的孩子们，尚不懂得死别之绝望，他们安静地偎依在母亲的怀里，那是他们温暖的避风港湾。

最痛苦的是这位母亲。

黯然销魂者，唯别而已矣。但世间最苦的不是生离，而是死别。

那个人，她情深意厚的夫君，来不及告别，却已生死相隔。上穷碧落下黄泉，两处茫茫皆不见。她再也看不到他的和暖笑容，触不到他生年里曾给她温暖和呵护的宽厚臂膀。

不可言痛的是母亲。

痛楚无可医治。她想任由自己把悲伤坐尽，和夫君一起，遁入隔世的黑暗。可面对孩子们的惶然无助，她心如刀割，几多不忍。

是时，王维九岁，二弟王缙八岁，三弟王繟六岁，四弟王纮四岁，五弟王纮两岁，最小的妹妹，尚在襁褓中。

不能倒下的是母亲。

六个孩子的人生还未起步，他们的履迹里，已再无父亲这个角色。还有谁能为他们遮风挡雨，教导他们长大成人？

佛说：人有八苦，生苦、老苦、病苦、死苦、怨憎会苦、爱别离苦、求不得苦、五蕴炽盛苦。唯有身心放空，方能人离难，难离身，一切灾殃化为尘。

这段经文，崔氏早已熟稔在心，此刻于心头浮起，却哽咽难声。她不得一遍又一遍地在心里吟咏，努力让自己平静下来。

祈愿身心放空，祈愿灾殃化尘而飞。

夫君英年早逝，心愿未了，太原王氏的这片天空，她不撑起，又待何人？

在亲朋好友的帮助下，崔氏拭干眼泪，为夫君王处廉操办了丧事。

随后，她变卖家产，遣散家仆，带着六个孩子，举家搬迁到蒲州，自己娘家的领地。崔氏一族在蒲州门第显赫，家境殷实。迁到此地，方便往来和照顾。所以，王维也被后人称作河东人。

有唐一代，蒲州的贤相名吏层出不穷，只河东裴氏，就走出十七位宰相。

蒲州人才辈出，风景更是壮丽。蒲州境内的鹳雀楼，亦引得当年诗人王之涣在登临之后壮志豪情浩然于胸，留下传颂千古的名句：

"白日依山尽，黄河入海流。欲穷千里目，更上一层楼。"

迁居蒲州不过是权宜之计，但得益于蒲州深厚的文化底蕴的熏陶，兼之先贤们奋发图强、匡时济世的动力鞭策，王维在此处勤奋苦读，对诗、书、画的技艺亦精益求精，着壁成绘，在泉为珠。

迁居蒲州后，虽然家道中衰，但是王维身上与生俱来的贵族气质，没有因世俗尘烟而蒙尘。

他静如磐石，动若脱兔；他温润如玉，才情卓绝。

崔氏从随性自适的儿子王维身上，看到了少年时的夫君王处廉。这既让她欣慰，亦让她心痛。深植德本，久成佛道。每天午后的一个时辰，身着粗布衣的崔氏正襟危坐，在蒲团上打坐参禅。她敛眉静息，拿着经书诵读经文的样子，让孩子们半生萦怀。

维摩诘说：欲得净土，当净其心。随其心净，则佛土净。

都说时间是最好的良药，如果感觉力不从心，就将一切交付时间，模糊记忆，埋葬经年。

可是，纵流水过往，一去不返，某个睹物思人、凝眸伤怀的瞬间，崔氏还是无法抑制地怀望从前。

就像现在，佛堂之上，她的夫君王处廉，又清晰地出现在眼前，微笑着，眼里满是怜惜和深深的痛楚。

木鱼声声，空即是静。此中有人，大音希声。从静中来，归净中去。王维心疼母亲。父亲王处廉去世以后，母亲独自支撑门户，承担了家里的一切事务。

初到蒲州，母亲接受了娘家的一些救济，但生性要强的她，有着柔韧的坚持，不想不劳而获，坐享其成。

　　十指不沾阳春水的名门千金，白天，和女仆们一起操持家务，身着布钗裙，洗手做羹汤；晚上，点起蜡烛，拈针引线，熬夜做针黹女红。翡翠黄金缕，绣成歌舞衣。

　　这些针法精致的绣品被女仆拿到集市上出售，不到一刻钟的时间，就被抢售一空。崔氏用绣品换来的钱，置田买地，解决一大家子的生计问题。

　　王维不忍母亲日夜劳苦，他时常瞒着母亲，在读书之余，精心临摹书、画，篆刻印章，拿到街市上兜售，赚些碎银补贴家用。天降大任于斯人，必先苦其心志，劳其筋骨，动心忍性，曾益所不能。

　　一个才德兼备的贤能之士，注定要历尽千淘万漉，方能一领风骚数百年。可芸芸众生，谁人不祈望岁月静好，当下是个安稳的现世？

束发之岁，一身孤勇走长安

　　最快的一定是光阴。流年似水，白驹过隙，转眼，太原王氏一家在蒲州已经六易寒暑。

　　开元四年（公元716年），王维十五岁。

　　古城阳春，有明朗的天空，嫩绿的枝芽，芳香四溢的花朵。

　　太平盛世，乐业安居。蒲州王家，在平静祥和的尘世烟火里平静度日。

三月十五这天，崔氏在厅堂备好祭品，带着儿子王维跪拜王氏先祖的牌位，为他行束发礼。

崔氏神情肃然，眼眸深邃，她手拿一把犀玉梳子，先把王维头顶的总角解散，精心梳理一番后，纤巧的十指灵活地一拢、一拈、一扭，一个乌黑如棕的发髻就端然成形了。崔氏从妆奁中拿出夫君王处廉生前最喜欢的白玉簪子，为儿子插于发髻。

十五岁的王维，身长近七尺，眉目如画，风华正茂。

看着眼前俊逸的少年，崔氏心潮如涌，泪濡湿了眼眶。六年含辛茹苦终不负，夫君地下有知，定会欣慰至极。他们的维儿长大了。

"束发而就大学，学大艺焉，履大节焉。"十五岁的男子，除了学习各种技艺，还要授以修身、齐家、治国、平天下的道理。

这些所谓的大艺、大节，自十二岁起，已是王维每天必修的功课。三年寒窗苦，读破万卷书。诗书礼乐，诸子百家，早慧的王维无所不通。

羽翼渐丰的雏鹰，怀抱一个梦想，渴望振翅飞翔于更远的天空。离家的念头已经起意许久，心中偏偏几多顾虑缠绕，让王维寝食不安，难以决断。

古语云：父母在，不远游。父亲王处廉去世后，蒲州王家只母亲一人操持打理。虽然王家一向遵循俭朴持家的古训，依靠几亩薄田，温饱尚无虞，但弟弟妹妹年龄尚小，需要操心的事务芜杂而琐碎。作为长子的他，理应为母亲分忧解难，承担养家的责任。

少年不识愁滋味，他未曾有欲说还休的烦恼心事，只是为这个家，为辛劳的母亲深深忧虑。他迈出的脚步如灌了铅一般，沉重，迟疑又迟疑。

知子莫若母，没有什么能瞒过母亲的体察入微，她留意忧心忡忡的长子很久了，也静思默想了很久。

这天，崔氏在佛堂诵完晨经后，缓步来到儿子的书房。王维正在习字，"山河千里国，城阙九重门"，几个黑色大字力透纸背，如雪地青松，风骨凛凛。

崔氏对儿子日益精湛的笔力微笑颔首，王维忙起身向母亲请安。

"维儿，近来读什么书？"

王维向母亲躬身一揖："母亲，孩儿在读班孟坚的《两都赋》和司马长卿的《上林赋》……"

王维欲言又止。

崔氏一双温暖的手亲切地拂过儿子稚嫩的双肩，笑意盈目，满含期待。

"母亲，我想去长安游学！"

带着憧憬和企盼，王维晶亮的双眸像被点亮的星辰。

崔氏有片刻的沉默，复轻轻点头："子有四方之志，何乐不为？维儿，你放心前去，为母在家静候佳音。吾儿第一次出远门，路上千万要谨慎小心。"

王维为慈母的胸怀而感恩，为慈母的刚强而感动。他郑重地点头，捏紧拳头，暗自发誓，此去一定不负众望，奋发向上，求取功名，报效母亲，光大"太原王氏"门楣，完成父亲的遗愿。是夜，崔氏屋里的灯光，彻夜通明。灯下的崔氏穿针引线，为即将离家的儿子赶制寒衣。临行密密缝，意恐迟迟归。

三日后，王维要启程了。平林漠漠，长亭短亭，崔氏嘱了又嘱，送了又送。弟弟妹妹们泣泪沾襟，牵着王维的手，舍不得让长兄离开。

王维依依不舍地辞别亲人，背上简单的行囊，带着他平日常读的书籍，和老家人王喜一起，离开蒲州，踏上宦游之路。"与君离别意，同是宦游人。"王勃这句诗传唱千古，让"宦游"一词深入人心。

宦游，士子离乡背井、外出谋取功名的出游，是古代特有的一种社会现象，自春秋时期就有其滥觞。当年，孔子率众弟子周游列国，推行自己的治国方略，希望得到诸侯重用。战国时，诸子百家为实现个人价值，为官而说，游中求宦。至汉、唐，士子为获得仕途，外出游历名山大川，投拜经师硕儒，或至京都求显贵引荐，遂成为社会风气。

宦游之路，众人争过独木桥，几家欢喜几家愁。蒲州距离长安三四百里地，主仆二人风餐露宿，星夜兼程。

初次出远门的王维，风尘仆仆，却不叫苦叫累。一路上，他探幽访胜，跋山涉水，时不时诗兴大发，纵情高歌。

少年王维，他的优秀一方面源于良好且严格的家族教育，一方面源于自身天赋，另一方面则源于他的性格。喜好与自然亲近，汲取山川岁月的灵气，并勤于观察，乐于领悟。

这一日，主仆二人策马来到骊山脚下。举目远眺，但见山势逶迤，犹如青苍骊驹，脱缰狂奔，快步清秋。据说，骊山因之得名。

渭水西来，径直东流，天开云阔，阳光飒然，秦岭山脉与粼粼河水之上跃动着潋滟光斑。透过骊山上枝枝叶叶的斑斓间隙，隐约可见楼阁飞宇的古城长安。其时，山岩谷壑间或有甘泉的潺潺水流之音，侧耳聆听，如闻一曲琴筑合奏的曼妙清音，妙不可述，如闻天籁。

草木蓊郁、风景美如锦绣的骊山，自古就是帝王心目中的风水宝地。从周幽王的烽火，到秦始皇的陵墓，这一处山水，目睹了几多王朝的兴亡。

王维自有一双灵秀目，还有一颗玲珑心，眼之所观，耳之所感，触发其丰沛的内心世界，灵感恰如江河澎湃，一首《过秦皇墓》发于咏叹：

古墓成苍岭，幽宫象紫台。
星辰七曜隔，河汉九泉开。
有海人宁渡，无春雁不回。
更闻松韵切，疑是大夫哀。

——《过始皇墓》

呈四方锥形的秦始皇陵墓，坐落在骊山北麓，南依骊山，北临渭水。关于秦始皇陵墓，《史记·秦始皇本纪》有翔实记载："始皇初即位，穿治郦山，及并天下，天下徒送诣七十余万人，穿三泉，下铜而致椁。宫观百官奇器珍怪徙臧满之。令匠作机弩矢，

14

有所穿近者，辄射之。以水银为百川江河大海，机相灌输，上具天文，下具地理。以人鱼膏为烛，度不灭者久之。"

当年，始皇迁徙"三万家"能工巧匠，依照秦国都城咸阳之布局，"事死如事生"，横征暴敛，大兴土木，修筑秦陵墓群。

跋扈之人从来不乏跋扈之举。秦王的墓穴高五十余丈，周回五里余。豪华的地宫内，不仅有豪华的宫殿楼阁，大量的陪葬陶俑，各种珍奇异宝，而且别有洞天：墓室之顶，有能工巧匠精心绘制的日月星宿。墓室底层，以数吨水银灌注"百川江河大海"，营造出一派山河壮丽的自然景观。一盏盏"人鱼膏"灯台，把地宫照耀得亮如白昼。

可惜，纵奢华无度，机关精妙，无穷奇幻，春风不度地宫门，焉有雁鸭飞又回？墓中之江海，人岂能渡过？

凡人不能。横扫六合、蚕食天下、并吞战国、海内为一的秦王，亦不能。

曾经叱咤风云的嬴政，曾经不可一世的始皇，和他庞然的古墓群，历经百年的风剥雨蚀，也只是像现在一样，一任尸首横陈幽暗壮丽的地宫，看岁岁年年野草茂密丛生，显赫、跋扈腐朽成一抔黄土，湮灭于历史的烟尘。

龙盘虎踞树层层，势入浮云亦是崩。人生的悲哀莫过于此。

彼时，野风吹得松树林哗然作响，抑或是那棵为始皇遮风避雨，因护驾有功而被册封为"五大夫"的泰山松的哀婉悼歌。

这首咏史诗，少年老成，感喟深重，是王维诗集里的发轫之作。初露头角，即不同凡响。"不睹皇居壮，安知天子尊"。站在长安街头的王维，为京都的浩大气势深深震撼。

长安，取自"长治久安"，是史上第一座被称为"京"的都城，也是第一座真正意义上的城市。她，有八百里秦川沃野，有泾河、渭河滋养，有函谷关做天然屏障，汇聚了华夏文明悠久博大的灿烂文化。周文王、周武王、秦始皇、汉高祖、汉武帝、唐太宗、武则天……一群中国历史上最显赫的帝王，你方唱罢我登台，相继风流在渭河两岸，开疆拓土，壮举非凡，从而孕育出强悍的西周王朝、号令天下的秦汉盛世，以及当下辉煌鼎盛的大唐帝国。长安的繁华富庶，以及有容乃大之胸怀，吸引着无数怀揣梦想的士子背井离乡，千里迢迢前来接受洗礼。然而，浩大的京城，何处是他的立足之地？

巍巍大唐，宏伟长安，最不稀缺的就是人才。

《历代名画记》中说："圣唐至今二百三十年，奇艺者骈罗，耳目相接，开元天宝，其人最多。"譬如王勃、骆宾王，卢照邻，陈子昂……无不可冠以"奇艺者"。

匹马单身的他，一个举目无亲的异乡人，凭借才艺、学识，一己之力，欲征服长安，谈何容易？

王维没有后悔此行。

重阳佳节，独在异乡为异客

十五六岁，本是在父母膝下承欢的年纪，少年王维却离乡背井，踽踽独行在繁华的长安街头，其孤单寂寞可想而知。

好在，他遇到了好朋友祖自虚。

那天，老仆王喜在朱雀门大街找到一间简朴干净的客栈，主仆二人安顿下来。是夜，王维秉烛夜读的时候，屋外传来轻轻的叩门声。

房门打开后，来人深施一礼，自报家门，称自己乃河南府人氏祖自虚，在此客栈已驻留数日，白天在客栈廊下两两邂逅，看到前来投宿的王维儒雅超群，气度不凡，特冒昧前来拜谒。

王维循声望去，只见来人虽然身形稍许单薄，但目似星辉，眉如墨画，一身书卷气，不由得心生欢喜。

王维忙拱手还礼，一并做了自我介绍。相逢恨晚，一见如故。原来祖自虚和王维一样，同是天涯宦游人，到京城投考谋职，渴望以一己才华，济世安邦，有一番作为。

两个人年纪相仿，祖自虚在家中排行第六，王维称其"祖六"，祖自虚尊王维为"摩诘兄"。

攀条摘香花，言是欢气息。两位少年才子，惺惺相惜。他们清溪行舟，竹窗夜话，山寺闻钟，汲泉烹茶，柳荫堤畔闲行，花坞樽前抚琴。读书和游历，相携而行，互为勉励。

抵达长安的第二年春，王维和祖自虚一起参加科举考试，双双落第。本在意料之中，亦在意料之外。

"学成文武艺，货与帝王家"，这是古今读书人的伟大抱负，可是科举这座独木桥，不知碾压了多少人的恢宏梦想。所谓"三十老明经，五十少进士"，即便鸡鸣即起，手不释卷，十八般武艺样样精通，没有名门高士的举荐，不创造被朝廷发现的良机，也只能郁郁不得志，归卧南山陲。

公元717年秋，王维和祖自虚结伴到终南山隐居。

在世人心目中，终南山是一个特殊的地理符号。

祝福语"福如东海长流水，寿比南山不老松"中的南山，即终南山。

终南山位于长安东南，脉起昆仑，尾衔嵩岳，钟灵毓秀，瑰奇宏伟，是道、佛、孝、寿、钟馗、财神诸文化的发祥圣地，被誉以"仙都""洞天之冠"及"天下第一福地"之美名。

历史上，终南山以隐逸著名。

最早关于隐逸高人的传说，要追溯到老子李耳。

当年，天文星象学家尹喜为函谷关关令，于终南山上结草为楼。一日，他登上草楼观星望气，忽见紫气东来，势如飞龙，绵延三万里，预感到必有圣人经过，于是率属下清扫山路四十华里，夹道焚香，恭候大师。不久，见一位须发如雪的老者身披五彩云衣，骑青牛而至，原来是老子西游入秦。尹喜大喜，忙把老子请到楼观，行弟子礼，请其在此讲经著书。老子在楼观的高岗上，以王朝兴衰成败、百姓安危祸福为鉴，溯其根源，著《道德经》五千言，飘然而去。尹喜每日虔心研读，解其奥妙，释其玄理，将《道德经》传于后世，流芳千古。

道教尊老子为道祖，尹喜为文始真人，奉《道德经》为根本经典。终南山遂成为"天下道林张本之地"，为士大夫和读书人进退朝野，"穷则独善其身，达则兼济天下"的退守之所。"姜太公钓鱼——愿者上钩"的主人公姜尚，商山四皓及张良、陶渊明都曾在终南山隐居。"药王"孙思邈、高僧玄奘等，亦在这里修学、养生、传道，为终南山罩上一层神秘的面纱。

为弘大家族势力，李唐宗室自诩老子李耳的后裔，大力推崇道家。于是，为伺机而动的士子们创造了更多的机会。

唐代政治开明，经济发达，文化开放，这样的大环境给予士子充分的自信和出世、入世的自由。

太宗皇帝礼贤下士：若有鸿才异等，留滞末班；哲人奇士，沉沦屠钓，宜精加搜访，进以殊礼。

武则天对隐士的态度亦积极明朗：明加采访，务尽才杰，州县以礼发遣。

隐士一朝隐出名气，自然会有州郡去推荐，朝廷来征辟。即使得不到征召，隐士的地位极高，仍不失社会的崇敬。

初唐诗人卢藏用，少以文辞才学著称，进士及第后没有机会被重用，作《芳草赋》彰显其心志，和兄长卢征明偕隐终南山。几年后，卢藏用被唐中宗征召入朝，享受高士待遇，任命左拾遗的职务，后擢升吏部侍郎。成语"终南捷径"，由之而来。

上有所好，下必甚焉。唐王朝统治者如此看重隐士，士子们便纷纷采用这种方式以实现治国平天下的伟大抱负。

彼时，唐玄宗李隆基拨乱反正，任用姚崇、宋璟等贤相，欲广纳贤士，励精图治。

因此，以归隐为阶梯，借地利之便，结交达官贵人，热衷仕进的士子隐居终南山悉为流风。"终南捷径"遂衍变成唐代一种奇特的历史文化现象。

初出茅庐的王维和祖自虚，也希望能在终南山了结一场夙愿。

秋风起兮白云飞，草木黄落兮雁南归。寒暑更替，岁月荏苒。在一片寒蝉凄切中，在一袭冷凉入骨的晚风里，终南山的秋天降临了。

祖自虚身体原本孱弱，怎敌这骤然而至的寒凉，哮喘不止，头痛欲裂。王维心急如焚，赶忙让家人王喜护送其下山就医疗养。

农历九月九日，这晚来风急的重阳佳日，草庐里就只有王维独对斜阳了。

思乡，是漂泊在外的游子一不小心就会触碰的情怀，它是游子的软肋。

人言落日是天涯，望极天涯不见家。站在南山顶峰的王维，望着蒲州的方向，倍加思念家乡，思念亲人。

人的一生有两样东西永远无法遗忘：一是母亲的面庞，二是故乡的模样。

此际，蒲州的山水草木、慈爱的母亲和弟弟妹妹热切盼归的眼神，在王维脑际萦绕不去，感慨万千的他，振笔挥书，一曲千古绝唱落于笔端：

独在异乡为异客，每逢佳节倍思亲。

遥知兄弟登高处，遍插茱萸少一人。

——《九月九日忆山东兄弟》

这首小诗不华丽，不生涩，浅显易懂，直抒胸臆，直接得很有力度。这种力度，来自它的朴质、深厚和直击人心。

正如清代刘熙载《艺概·诗概》所言："诗能于易处见工，便觉亲切有味。"好的诗句，就是要言浅而意深。

限于篇幅，诗中容不得太多的抒情，所谓情者，不过一"独"一"倍"。"独在异乡为异客"，一个"独"字，先声夺人。字里行间的寂寞，皆由此字泄露，刀刻般深入骨髓。

好的诗句，一般忌讳诗中重复用词，不过仅表明一般情况，凡有特例，俱是警句。

"独在异乡为异客"，两个"异"字，自然流露，心裁别出，把置身于他乡繁华热闹中的举目无亲之感，表现得简单又刻骨，让羁旅天涯的行者，产生强烈的共鸣。

蒲州在华山之东，长安在华山之西，所以题为"忆山东兄弟"。重阳节有登高的习俗，"俗于此日，以茱萸气烈成熟，尚此日，折萸房以插头，言辟热气而御初寒"。登高时人人头上插戴茱萸，据说可以避灾。

重阳节，若是和亲人一起登高祈福，当然其乐融融，可惜遥遥相隔，难免心有戚戚。岁岁重阳，今又重阳，思念故园、怀想亲人之情在诗人心里如浪翻滚。至此，"每逢佳节倍思亲"水到渠成，自然抒发。

这种体验，人人有之，但在王维之前，没有哪一个诗人曾这样朴质无华而又高度地概括，这样切入主题，一语道出，唱出千百年来漂泊在外的游子去国怀乡的耿耿心声。

诗的后两句独出机杼，表达得更为巧妙，诗人以遥想法推己及人，言之在重阳佳节，远在故乡的兄弟们身上佩戴着茱萸登高时，发现唯独少了他这一个，遗憾深重，只能在家乡遥望怀想身处异乡的长兄。

这样迂回曲折的表达方式，既打破常人思维，又合乎常情。身在此地而想彼地之思，时在今日而想他日之忆。代为之思，其情深远，其意乃长。

千古传诵，绝非偶然。杜甫的"遥怜小儿女，未解忆长安"，王昌龄的"忆君遥在潇湘月，愁听清猿梦里长"皆有异曲同工之妙。不过，王维之句似不着力，语出自然诗自工。

"人人胸臆中语，却成绝唱。"千百年来，每一个客居他乡的游子，在每个佳节来临，心头都会情不自禁地浮现这首诗，乡思如麻，热泪潜然。

少年游侠，相逢意气为君饮

在国人心目中，王维是一位空灵淡远、气质清雅的诗人。《集异记》将他描写成"妙年洁白，风姿郁美"的翩翩少年，冯贽的《云仙杂记》说他"性好温洁，地不容尘埃"。自此，口吐莲花、一身怡静的王维，于诗坛打下千年的烙印，绵延不息。

　　孰知，风华正茂的少年王维，也曾满腔热血，豪气干云，蓬勃着青春的朝气和壮美。

　　中国古代社会推崇尚武精神，治国、平天下是有识之士终身不懈的追求。

　　春秋时期，贵族士人文武兼修，诸侯大国争霸称雄，侠客遍地，武士横生。

　　秦王嬴政以虎视龙卷之威势，挥剑叱咤之雄才，平定四海，横扫六合，完成统一天下的大业。

　　乱世造英雄，汉武帝刘彻开疆拓土，成就霸业，确立汉民族在中华民族的主体地位。

　　"昔乘匹马去，今驱万乘来。"唐太宗李世民文治武功，建立不世功勋，他打造的"贞观之治"，奠定了大唐近三百年的帝国基业。

　　唐玄宗开元初期，唐王朝处于战争狂热之中，整个社会弥漫着尚武、尚勇、疆场驰骋的豪侠气息。

　　在京都长安，除了祖自虚，王维还结识了祖咏、綦毋潜、储光羲、裴迪等诗友。这些朋友和王维一样，好山水，好章句，才华出众，挺拔不凡。

　　同在异乡为异客，芳华年少的他们，经常相聚在茶坊酒肆，觥筹交错，纵饮狂歌。

　　少年王维踌躇满志，任气为诗，《少年行四首》是这个时期的代表作：

新丰美酒斗十千，咸阳游侠多少年。

相逢意气为君饮，系马高楼垂柳边。

出身仕汉羽林郎，初随骠骑战渔阳。

孰知不向边庭苦，纵死犹闻侠骨香。

一身能擘两雕弧，虏骑千重只似无。

偏坐金鞍调白羽，纷纷射杀五单于。

汉家君臣欢宴终，高议云台论战功。

天子临轩赐侯印，将军佩出明光宫。

——《少年行四首》

新丰的美酒，似乎天生就为少年游侠的使酒豪饮而置；咸阳的少年游侠，如若少了新丰美酒的清冽，何以显示他们的浩荡风流？

诗如一面镜子，映照出少年游侠飞动厉扬的精神风貌。

欢聚痛饮自晶莹的杯盏兴起：新丰美酒斗十千，咸阳游侠多少年；

酒里有重义轻财、慷慨好客的英雄豪气：相逢意气为君饮，系马高楼垂柳边；

酒里有奋不顾身、轻生忘死的侠肝义胆：孰知不向边庭苦，纵死犹闻侠骨香；

酒里有侠客勇武杀敌、无往不胜的英雄本色：偏坐金鞍调白羽，纷纷射杀五单于；

酒里尽显胜利归来、马上封侯的威风八面：天子临轩赐侯印，将军佩出明光宫。

豪饮酣醉自古被认为是游侠本色。所谓"三杯吐然诺，五岳倒为轻。眼花耳热后，意气素霓生"，酒酣耳热之际，诗人泼墨挥毫，诗和酒于平平仄仄间缔结最完美的联姻。

当此际，少年游侠高楼纵饮的豪情，报国从军的壮怀，勇猛杀敌的矫勇，功成名就的自豪感跃然纸上。

诚然，哪个男儿不憧憬投笔从戎，匹马戍梁州；哪个男儿不渴望建功立业，万里觅封侯；温润如玉的男子，亦有自己的豪迈血性时刻。

人不轻狂枉少年。《少年行四首》这一组诗，让世人见识了少年王维意气风发的豪迈气概。

玄宗皇帝李隆基自小生在洛阳，童年也大多在洛阳度过，因而对东都有着天然的亲近。开元五年，玄宗皇帝带着满朝文武移驾洛阳。

是时，年轻有为的唐玄宗处理政务英武果断，他整饬吏治，改革兵制，活跃经济，弘扬文化，下诏号令各郡县举荐"嘉遁幽栖，养高不仕者，州牧各以名闻"。不拘一格地礼遇闲士，量才任官。无疑，士子们的春天来到了。

开元六年（公元718年），春风又绿江南岸的季节，王维和大病初愈的祖自虚辞别长安的朋友，到东都洛阳寻求机遇。

三月的东都，桃红李白，花瓣柔柔，芳蕊灼灼。一树树的粉，如少女面颊上的腮红，丽而不俗，柔而不媚；一团团的白，艳不可迫，纯不可渎，卓尔不群，遗世独立。天使的翅膀轻轻扇动，无数的芝兰芬芳盈袖满怀。

洛阳城内，天子脚下，千朵嫣红万朵柔，在春和景明的日子里洋溢着无法言说的美好。

春光浓似酒，花醉人，人亦醉人。能和百花争妍，敢在花下理红装的，自然是花容月貌的洛阳女儿。

《洛阳女儿行》是王维游历洛阳时的抒怀作品：

洛阳女儿对门居，才可颜容十五余。
良人玉勒乘骢马，侍女金盘脍鲤鱼。
画阁朱楼尽相望，红桃绿柳垂檐向。
罗帷送上七香车，宝扇迎归九华帐。
狂夫富贵在青春，意气骄奢剧季伦。
自怜碧玉亲教舞，不惜珊瑚持与人。
春窗曙灭九微火，九微片片飞花琐。
戏罢曾无理曲时，妆成只是熏香坐。
城中相识尽繁华，日夜经过赵李家。
谁怜越女颜如玉，贫贱江头自浣纱。

——《洛阳女儿行》

诗人寓所的对面，住着一位美丽的洛阳女子，她十五六岁的年纪，容颜娇俏而美丽。她的丈夫骑着一匹青白相间的骏马来迎娶她，马头上佩戴着用美玉做成的辔头。婢女为她捧上黄金做的盘子，里面盛放着精心烹制的鲤鱼菜蔬。

丈夫家的深宅大院里，一幢幢彩绘朱漆的亭台楼阁遥遥相望，廊檐下红桃绿柳，一株株、一行行竞相掩映。

桃之夭夭，灼灼其华。洛阳女儿要出嫁了，她坐在七种香木做成的七香车上，锦绣彩缎把车子装饰得华美而舒适。数十个仆从举着宝扇，将她迎进华贵无比的九华帐里。

她的丈夫出身豪族，志得意满，骄奢胜过晋朝的富豪石季伦。丈夫娇宠新婚的姬妾，教她如飞燕般轻盈起舞，送她名贵的珊瑚树，毫不吝惜。

他们寻欢作乐通宵达旦，直到晨曦微露才熄去灯火，灯花的碎屑在雕镂的窗棂之上片片飞落。

妆容精致的女子每日嬉戏游玩，无所事事，相识的全是城中的豪门大户，迎来送往皆是贵胄之家。

养尊处优的贵族夫人，她的生活日常，江岸上浣洗罗纱的越女岂能相比？即便同样貌美如玉，同样是出身寒微的小户人家，不遇贵人的越女，境遇完全不同，只能每日劳累奔命，一江委屈付东流。

《洛阳女儿行》以"极尽"之笔切入主题：洛阳女儿容颜极尽美丽，住宅极尽富丽，饮食极尽珍奇，夫婿极尽豪奢，交游极尽高贵，生活状况极尽娇贵逸乐，诗人极尽铺排渲染之能事。

这个出身于普通人家的洛阳女子，朝夕之间身价百倍，缘于她嫁给了豪门贵族，一位颇有身份的"良人"，得其"良机"，完成华丽转身。

遇者则贵，不遇者则贱。人生其实就是这样，诡异莫测，令人唏嘘。

漂泊在繁华都市里的王维，仕途无着，前途渺茫，在对浣纱的越女深表同情的同时，亦在伤感自己的不遇。

浩大的京城，喧嚣的都市，谁是他的"良人"？

他，已离家很久了。

卷二：丰神俊朗，春风得意马蹄疾

长歌当哭，痛失知音继悲弦

这个世上，没有人不需要朋友。

《诗经》里唱"嘤其鸣矣，求其友声"，山谷中飞出的一只鸟儿，站在树枝上嘤嘤啼叫，试图寻找一个伙伴，和自己一起翱翔碧空。

即便弟子三千的孔子，看到远道而来的朋友，仍掩饰不住兴奋击节而歌："有朋自远方来，不亦乐乎。"

所以，古来圣贤多寂寞，孤寂的一生，有性情相投的良友陪伴，该有多么美好。

王维和祖自虚这一对情投意合的好朋友，他们月下对酌，竹林浅唱，在洛阳度过了一段甚是惬意的日子。

可惜，卿本薄命，天不假年。在一个大雪纷飞、寒气逼人的日子里，祖自虚旧病复发，日渐憔悴，羸弱的身体终究没有挨过漫长的冬日。

九年前，父亲王处廉辞世，王维亲历生老病死的锥心之痛；

九年后的他，再次目睹死亡之神的狰狞面目，目睹人如蝼蚁、命如草芥的无常，回首与少年祖六情同手足的过往，悲从中来，长歌当哭，挥笔写下《哭祖六自虚》，为好友送葬：

否极尝闻泰，嗟君独不然。悯凶才稚齿，羸疾至中年。
余力文章秀，生知礼乐全。翰留天帐览，词入帝宫传。
国讶终军少，人知贾谊贤。公卿尽虚左，朋识共推先。
不恨依穷辙，终期济巨川。才雄望羔雁，寿促背貂蝉。
福善闻前录，奸良昧上玄。何辜铩鸑翮，底事碎龙泉。
鹏起长沙赋，麟终曲阜编。城中君道广，海内我情偏。
乍失疑犹见，沉思悟绝缘。生前不忍别，死后向谁宣。
为此情难尽，弥令忆更缠。本家清渭曲，归葬旧茔边。
永去长安道，徒闻京兆阡。旌车出郊甸，乡国隐云天。
定作无期别，宁同旧日旋。侯门家属苦，行路国人怜。
送客哀终尽，征途泥复前。赠言为挽曲，莫席是离筵。
念昔同携手，风期不暂捐。南山俱隐逸，东洛类神仙。
未省音容间，那堪生死迁。花时金谷饮，月夜竹林眠。
满地传都赋，倾朝看药船。群公咸属目，微物敢齐肩。
谬合同人旨，而将玉树连。不期先挂剑，长恐后施鞭。
为善吾无矣，知音子绝焉。琴声纵不没，终亦继悲弦。

——《哭祖六自虚》

这首长诗，全文六十四句，三百二十字，滔滔汩汩，一气呵成。

一句有一句的典故，涉及《易经》《左传》《论语》《汉书》等十多种经书，却不坠烦冗，如泣如诉，如在目前；一字有一字的情感，以泪和墨，胸臆直出，不尽之意见于言外，充分显示了王维深厚的文学素养和诗词功底。

他哭祖六幼年多忧患，少年多病灾；哭祖六贤德多才，知书识礼；哭他们南山隐逸，诗书往来；哭他们京洛宦游，携手同欢；哭他们之间的深厚情谊，知音互赏；哭此一别生死暌隔，知音痛失继悲弦……

花时金谷饮，月夜竹林眠。回忆起往昔的美好，回想起祖六炯亮的眼神和清癯的面容，王维涕泪零落，柔肠寸断。情真得以感人，大抵如此。

祖自虚的丧事安置完毕后，身心交瘁的王维决定离开洛阳，返回蒲州。

人归落雁后，思发在花前。他想念母亲和弟弟妹妹很久了，此刻，恨不能插上翅膀，飞回故园，飞到亲人的身边。

无论何时，故乡是游子心目中永远的白月光。

蒲州王府，欢天喜地，他们家的大少年远游还乡。

王维不顾一路仆仆风尘，一进门就去叩见母亲。三年不见，母亲的两鬓又染白霜，额角又添细纹。

"孩儿不孝，让母亲辛劳，让母亲挂心！"王维泪盈于睫，长跪于母亲面前。

"我儿一路辛苦，快快起身。"

犹如做梦一般，朝思暮想的维儿回来了。王母喜极而泣，连忙把她的维儿拉起，牵着儿子的手嘘寒问暖。

"大哥，大哥。"屋外传来欢喜的呼唤。二弟王缙带着弟弟妹妹们过来和兄长见礼。三年不见，弟弟妹妹的个头都高了半尺，几个人簇拥在长兄身边，你一言我一语，抢着问候兄长。

厅堂内笑语喧声一阵又一阵，惊动堂前落梅如雪乱，拂了一地还满。

王维向母亲和弟弟妹妹详细地讲述了他在长安、洛阳的所闻所见，他的诗文，他的收获。望着丰神俊逸、成熟许多的长子，母亲既欣慰又心酸。

失去父亲护佑的儿子，已羽翼渐丰，她坚信，长子王维一定会不负众望，光大太原王氏的门楣。

在家逗留数日后，王维决定重走长安，为下一步科举考试做准备。考虑到家人王喜年纪大了，母亲让王缙和兄长一起出门。一来兄弟二人有个照应，另外，十七岁的王缙亦饱读诗书，机敏强干，母亲希望两个儿子都能有一番作为。

就这样，王家的两位少年，依依不舍地辞别母亲和家人，策马扬鞭，一同奔赴长安。

王家两兄弟抵达长安后，长安的好朋友祖咏、綦毋潜来旅店为他们接风洗尘。酒过三巡，气氛热烈起来。酒乃诗媒，有诗方能喝得豪气、尽情，于是，几位诗友纷纷拿出自己的近作助兴。

楚山不可极，归路但萧条。

海色晴看雨，江声夜听潮。

剑留南斗近，书寄北风遥。

为报空潭橘，无媒寄洛桥。

——祖咏《江南旅情》

祖咏的这首《江南旅情》心思巧妙，清丽简净，一洗江南的脂粉气，以细节刻画浓郁的思乡之情，换来众人一片叫好。

綦毋潜吟咏自己的新作聊以凑趣：

香刹夜忘归，松清古殿扉。

灯明方丈室，珠系比丘衣。

白日传心净，青莲喻法微。

天花落不尽，处处鸟衔飞。

——綦毋潜《宿龙兴寺》

"天花落不尽，处处鸟衔飞。"恬淡适然、清新灵动的诗境，自是不同凡响。

王缙的一首《古别离》，以清丽幽远见长，博得几位兄长的喝彩：

下阶欲别离，相对映兰丛。

含辞未及吐，泪落兰丛中。

高堂秋静日，罗衣飘暮风。

33

谁能待明月，回首见床空。

——王缙《古别离》

最后，王维拿出自己返乡途中即兴写就的《桃源行》，和大家一起分享：

渔舟逐水爱山春，两岸桃花夹去津。

坐看红树不知远，行尽青溪不见人。

山口潜行始隈隩，山开旷望旋平陆。

遥看一处攒云树，近入千家散花竹。

樵客初传汉姓名，居人未改秦衣服。

居人共住武陵源，还从物外起田园。

月明松下房栊静，日出云中鸡犬喧。

惊闻俗客争来集，竞引还家问都邑。

平明闾巷扫花开，薄暮渔樵乘水入。

初因避地去人间，及至成仙遂不还。

峡里谁知有人事，世中遥望空云山。

不疑灵境难闻见，尘心未尽思乡县。

出洞无论隔山水，辞家终拟长游衍。

自谓经过旧不迷，安知峰壑今来变。

当时只记入山深，青溪几度到云林。

春来遍是桃花水，不辨仙源何处寻。

——《桃源行》

这首七言乐府诗是对陶渊明《桃花源记》一文的艺术再创造，其笔力舒健，想象丰富，味之不尽，雅致从容。

内容，如五谷也。文，则炊而为饭；诗，则酿而为酒。醇酒怡人亦醉人。但酿酒的过程是艰难不易的，因而，将散文的内容用具有高度概括性、凝练集中、意境优美、节奏鲜明的诗歌语言来表现，不是单纯地改变语言形式，因而得到祖咏、綦毋潜的高度盛赞。綦毋潜对王维飞扬的才气、超拔脱俗的文艺天赋大加褒奖。

祖咏问王维这次回来有何打算。

王维并不隐瞒，如实相告："小弟回乡时，舅父曾嘱咐回京后务必去拜访他的昔日旧友，恳请他们向朝廷推荐，谋些差事来做。许是久不往来之故，并不见什么回音。小弟也正为此事忧虑。"

年长王维九岁的綦毋潜，对朋友一向侠肝义胆，心直口快："如今正逢太平盛世，玄宗皇帝文治武功，广纳贤士，贤弟出身名门，又博古通今，才气无双，日后一定大有前程。不过，以当前形势，无论科考还是入仕，当以拜谒权门，有高人推荐更为稳妥。"

"小弟愚昧，敬请贤兄赐教！"

"现今宰相姚崇实权在握，不过此人不好通融。倒是玄宗皇帝的弟弟岐王李范，风流倜傥，雅善音律，喜好交游，礼贤下士，贤弟不妨前去岐王府投石问路。"

王维点头称是，深施一礼："贤兄世事洞明，小弟承蒙赐教，不胜感激，他日定感恩图报！"

綦毋潜爽朗大笑："愚兄为贤弟建言乃分内事，贤弟言重了，不必多礼。愚兄和祖三贤弟等你早传佳讯。来，喝酒，喝酒。湛湛露斯，匪阳不晞。厌厌夜饮，不醉不还。"

几日后，王维带着自己的行卷，遵从綦毋潜的建议，前去岐王府拜谒。

贵人相助，平交王侯春风意

"同声相应，同气相求。水流湿，火就燥。"

同样的声音相互共鸣，同样的气味相互融合，同类的事物相互感应，志趣相同的人互相响应。缘于此，王维有友祖自虚、祖咏、綦毋潜。尔今，又受到岐王无上的礼遇。

岐王李范是唐玄宗的弟弟，他文采风流，雅爱文章之士，好音乐，好诗文，家中常常高朋满座。

杜甫有一句流传很广的诗句："岐王宅里寻常见，崔九堂前几度闻。"写的是岐王宅曾经的常客李龟年。李龟年作为梨园弟子，宫廷的著名乐师，曾受到唐玄宗及诸王多年恩宠。李龟年擅奏羯鼓，擅吹筚篥，长于作曲，且技艺精湛，有着非同一般的艺术天分。他和几位艺人一起创作的《渭川曲》，受到唐玄宗及王公贵人的赏识，得到的赏赐成千上万。李龟年在东都洛阳建造的府宅，规模宏大，甚至好多公侯府第都逊色不及。可惜，好景不长，安史之乱后，流落到江南的杜甫，在一次宴会上，听到同样在江南流浪的李龟年的演唱，不胜唏嘘，提笔写下《江南逢李龟年》这首诗。

诗里的岐王就是李范。

在文艺引领风骚的唐朝，要想出人头地，需要像李龟年一样有独门绝技来撑直腰杆。

王维的音乐才能，从唐人的记载里可见一斑。《唐才子传》记载，有人得到南唐画家周文矩的《按乐图》，很想知道图上演奏的是什么曲子，王维看后说："这是《霓裳》第三叠第一拍。"好事者召集乐工来演奏，果真如此。可见，所谓的"娴熟音律"绝对是当行本色。

王维尤其擅长弹琵琶，他演奏的琵琶曲，既有宫廷礼乐的典雅细腻，又有民间曲调的清新奔放，令人耳目一新。

在音律方面堪称奇才的王维，出入王府，交结达贵自是情理之中。何况，王维拥有的不仅仅是音乐才华，他的诗词同样为岐王赏识，那首著名的《九月九日忆山东兄弟》，诗中的兄弟情义、思乡情怀的真情流露，令岐王回想自家身世，感同身受，击掌叫好，遂命乐师谱曲传唱。

王维另外带来的一首咏史诗，亦非寻常笔墨：

汉家李将军，三代将门子。

结发有奇策，少年成壮士。

长驱塞上儿，深入单于垒。

旌旗列相向，箫鼓悲何已。

日暮沙漠陲，战声烟尘里。

将令骄虏灭，岂独名王侍。

既失大军援，遂婴穹庐耻。

少小蒙汉恩，何堪坐思此。

深衷欲有报，投躯未能死。

引领望子卿，非君谁相理。

——《李陵咏》

李陵字少卿，西汉"飞将军"李广之孙，自幼弓马娴熟，骁勇善战，颇有祖父之风。公元前99年，李陵率领步卒五千人从西北边塞的居延出发，行军一个月，到达浚稽山安营，不料途中遭遇匈奴的主力军，李陵的步军被十万骑兵围攻。经过八昼夜的浴血奋战，李陵军斩杀了一万多匈奴，由于得不到主力骑兵的增援，弹尽粮绝，被俘投降。汉武帝为李陵不能殉节而震怒。司马迁为其申辩，却付出巨大的代价，遭受宫刑之灾。之后，汉武帝命令公孙敖带军队去匈奴讨要李陵，无功而返。公孙敖为自己开脱，谎称李陵在为单于练兵，以攻打大汉。汉武帝闻听此讯勃然大怒，下令诛杀李陵一家老小。顷刻间，李府遍地哀鸿，血流成河。

几年后，汉朝使节出使匈奴，得知原是投降匈奴的边将李绪在为单于操练兵马，李陵冒着生命危险刺杀李绪，为汉室除却后患。汉武帝驾崩后，李陵的好友霍光、上官桀当政，派任立政出使匈奴，欲将其迎回汉朝。李陵答："吾已胡服矣，丈夫不能再辱。"老泪纵横。

公元前73年，李陵终老匈奴。在匈奴的半生生涯中，他至死未参与侵略汉朝的任何战事。

如若李陵背叛朝廷，苏武定不会与之为友且交厚数年。当年，苏武归汉，李陵置酒与之诀别，泪下千行，他知道苏武尽管与他结为知己，亦无力为他申辩。诚然，太史公司马迁尚不能为李陵洗雪，苏武又能怎样？

王维读史有感，为英雄李陵一世蒙冤，太史公忍辱负重心有戚然，一书感慨。诗从"三代将门子"的出身落笔，浓墨重彩地表述了李陵勇猛杀敌的无畏果敢，表现他对汉朝的至死忠诚，对他的不幸结局深表同情。

渴望理解而终被误解的刻骨之痛，自十九岁的王维口中呼出，足以见证少年王维思想的深度和血气方刚的正直坦率，别有一番动人之处，让岐王不能不刮目以待。

被岐王看重，自然也被京城的文人看重，被京城权贵豪门看重。

王维和唐太祖七世孙李遵，宰相之后、世代显贵的韦陟、韦斌，亦是在这一时期结识，从而成为一生挚友。

琴棋书画样样精通的王维，凭着自己飞扬的诗才、绝妙的书画、高超的音乐技艺，游走在长安的权贵之间。

显贵们推崇王维，大概不只因为他出身名门，相貌惊人，才华出众，还因为王维的人品。他的谦和持重，望之俨然，即之也温的性情，他丰富、内敛、温情、慈悲的精神世界，以及由内而外散发出的一种高贵，让与之相处的人感觉舒服，不由自主地想与之靠近。

岐王还把王维介绍给宁王李宪和薛王李业。宁王李宪原名李成器，是唐睿宗李旦的嫡长子，自小天资聪颖，六岁便被立为太子，而李隆基只是睿宗的庶三子。

武则天死后，武三思和韦氏联合控制了朝政，临淄王李隆基联合禁军万骑发动"唐隆政变"，夺回政权，拥立父亲李旦再次当上皇帝。李旦即位后，立太子的事情令他十分为难。嫡长子李成器立为太子本是名正言顺之事，但"玄武门兵变"的血腥事件至今仍令整个李唐王朝心有余悸。

自小在宫廷各种明争暗斗中长大的李宪是个明事理的人，他审时度势，坦诚向父皇进言："太平之时，以嫡长子为先；国难之时，应归于有功者，否则，会让海内失望。"言辞之诚恳，态度之明朗，让李旦心头的巨石落地，遂立李隆基为太子。

李隆基十分感谢宁王的急流勇退，登基之后对他倍加尊宠，并为宁王、岐王、薛王等诸兄弟赐金分帛，给他们最豪奢的生活和待遇。诸王远离政权纷争，或终日纵情于诗词书画之中，广交诗友，曲水流觞，饮酒作乐。

王维很快融入这个圈子，如鱼得水。宁王、薛王待他如师友，但以才艺取胜的王维，在王公贵胄面前，始终保持着不卑不亢、坦率真诚的诗人本色。

曾经，安兴坊附近有一卖饼者，其妻长得纤白明媚，别有风致，宁王看到后惊为天人，便让手下拿给饼师几千钱，把女子招到宫里纳为小妾，宠爱有加。不知不觉已一年之久，可是，锦衣玉食的女子独自一人的时候，常面露戚色，并不怎么快活。

这天，宁王问她，是否还在牵念饼师？她低头不语。

宁王遂派手下到安兴坊带来饼师。见到饼师后，女子双泪盈颊，情不能已。

是时，宁王正在宴请宾客，座下十几位皆当今文人名士，见此莫不恻。宁王就让众人现场赋诗。才思敏捷的王维，一气呵成：

> 莫以今时宠，能忘旧日恩。
> 看花满眼泪，不共楚王言。

——《息夫人》

息夫人本春秋时代息国国君的妻子，公元前680年，楚王觊觎息妫美色，攻打息国，将其据为己有。息妫虽在楚宫生了两个孩子，但始终郁郁寡欢，三缄其口，从未和楚王说一句话。

纵弗能死，其又奚言？窈窕兮若彼，寂寞兮如此。舌在而口不言，身未亡心已死。

女子柔弱，无力抗争权势，但誓以沉默严明余生心迹，恪守牢不可破的底线。

《庄子·渔父》云：“真者，精诚之至也；不精不诚，不能动人。”诗以息夫人的故事涉笔，诗人设身处地，以一掬悲悯心怀，蘸以真情，来诠释眼前这位女子失去人身自由、不忘故人的无奈心情，诠释女子不为人知的伤感和苦楚，又有谁不被打动呢？

宁王心生恻隐，一声长叹，将女子还予饼师，送夫妻二人双双回家。

这首诗和这个故事遂成一段佳话。

王维的名气不胫而走，凡诸王、驸马、豪右、贵势之门，纷纷想见识一下这个来自太原王氏，诗、画、乐皆绝，眉目清秀的翩翩少年的清贵和才气，以能请到王维到家中做客为荣，拂席迎之。

贵人相助，平交王侯。畅游于权贵之间，风光无限的王维，春风得意马蹄疾，一日看尽长安花。

妙年洁白，一曲琵琶至上宾

机遇总是留给有准备的人。内外兼修、强大自身的人，机遇格外垂青。

一次机遇足以改变人生。

开元七年（公元719年）七月，十九岁的王维在长安赴京兆府试，以一首《赋得清如玉壶冰》获得府试第一的好成绩，登第举子。

玉壶何用好，偏许素冰居。

未共销丹日，还同照绮疏。

抱明中不隐，含净外疑虚。

气似庭霜积，光言砌月余。

晓凌飞鹊镜，宵映聚萤书。

若向夫君比，清心尚不如。

——《赋得清如玉壶冰》

"清如玉壶冰"是京兆府试试题，摘取古人原有诗句为题，因而诗人在诗题前面加上"赋得"二字。诗题取自南朝鲍照《代白头吟》首联"直如朱丝绳，清如玉壶冰"一句，意即有识之士如红色丝绳那般正直，如玉壶冰那般高洁。既是命题作文，难免限制很多，犹如戴着镣铐跳舞。唐试律诗一般为五言六韵，此类作品大多落于窠臼，与明、清八股文类同，不过是士子进仕谋官的敲门砖，文学艺术价值不高，人们大多不屑提及，广为传诵的作品实在不多。而王维这首临场发挥之作，足见内功。诗句从不同角度对玉壶冰进行描摹，铺陈多多，比赋连连，盛赞玉壶之冰晶莹剔透，如霜坚贞，似月高洁，并在尾句以玉壶冰自励，彰显做人要有磊落澄澈、清高自守的志向，别有格调，得心应手，堪称试律诗中的佳作。

中举后的王维信心百倍，准备参加吏部组织的春试。

对于古代大多数读书人而言，"朝为田舍郎，暮登天子堂"是其最大梦想。在"学而优则仕"的时代，有谁能对功名仕禄不屑一顾？

在相当长的一段时间内，唐朝的进士科考试并不是一考定终身。当时非常盛行"行卷"制度，所谓"行卷"，就是在科举考试之前，士子们把自己先前的得意之作，写成卷轴，然后在临考前呈送给高族权贵或者社会知名人士，请求他们向主考官推荐。

礼部组织大考的时候不糊名，知贡举等主试官员根据推荐人呈递上来的"行卷"，与科举试卷相对照，来综合考量士子的才能水准，由此决定名次高低。

所以，科举考试须重视，"行卷"亦不能忽视，呈递"行卷"

的人，则要郑重其事、慎之又慎地选择。

是时，王维左手诗文，右手琵琶，翩翩少年，声名远扬，又得岐王眷重。然而，形势依然十分严峻，不能等闲视之。

弟弟王缙告知兄长，张九龄的弟弟张九皋也在同年参加考试，并且得到玉真公主的推荐。得知这个消息后，王维连忙赶去岐王府，请岐王拿主意。

玉真公主李持盈，字玄玄，是唐玄宗的同母妹妹，刚出生不久，母亲窦德妃即遇害，和三哥相依为命，在战战兢兢中度过童年。玄宗皇帝登基后，对玉真公主百般呵护，感情至深。玉真公主推荐的人选，岐王自不能妄加干涉。

坐等机遇不如创造机遇，只要用心想，办法还是有的。

岐王巧设计策，希望能助王维一臂之力。

一天傍晚，王维换上鲜华奇艳的锦绣衣服，抱着琵琶，和岐王一起来到玉真公主邸宅。岐王告诉玉真公主，今天他带来几瓶新丰的陈年佳酿，给妹妹祝寿。玉真公主谢过兄长，看见岐王身旁的少年面容白皙，风姿俊美，惊异地问："此何许人？"

岐王笑笑说："他是个琵琶高手，今天特地准备一支曲子，来为皇妹的夜宴增色添彩。"

玉真公主娴熟音律，有好乐同欢，自然欣喜有加。宾主坐定，岐王令王维演奏。

王维怀抱琵琶，转轴拨弦、轻拢慢捻之际，曼妙之音自指间流泻。

大弦嘈嘈，恰如暴风骤雨；小弦切切，宛若喁喁私语；

一霎儿草际鸣蛩，惊落梧桐；一霎儿云阶月地，关锁千重。

顷刻间好似银瓶乍破水浆四分五裂，兼有铁甲骑兵英勇厮杀刀枪齐鸣。

拔剑舞，蛟出动。以高亢撞击高亢，以幽恨啃噬幽恨，以深情撼动深情，焉不扣人心弦？

曲终人静，满座为之动容。玉真公主听得如痴如醉，直直凝视王维，问道："这是什么曲子？我怎么闻所未闻？"

王维躬身答道："此曲是鄙人新作《郁轮袍》，乃第一次弹奏。"

玉真公主甚感讶异，惊呼神技，看王维举止风雅，急切地追问："你可知诗文？"

一切皆在岐王的掌控之中。岐王赶紧趁热打铁："此人不只长于音律，诗文更佳，当今文士无出其右。"

玉真公主将信将疑，当即问王维是否带来诗作。王维遂从怀中取出诗卷，让女仆捧交给玉真公主。

玉真公主看过之后，惊叹不已："《九月九日忆山东兄弟》《洛阳女儿行》《李陵咏》《少年行四首》这些诗作都是我经常诵读的，之前以为是古人作品，原来出自你手？你是何方高士？"

王维上前一步，躬身一揖，答道："学生乃太原王氏王维，参见公主殿下！"

玉真公主让王维到后堂更衣，面如美玉，目似流星，一身白衣、玉树临风的王维令满座皆惊，公主赐其座于客人之列。

席间，宾主开怀畅饮，谈古论今。王维文采风流，不卑不亢，言语谐戏，妙趣横生。玉真公主一再瞩目，眉目间满溢赞许之色。

岐王见时机成熟，便对身旁的玉真公主说："皇妹，若今年能以此人为解头，诚为国之无上荣光。"

玉真公主点头称是："那为何不让他去应举？"

岐王说："为兄听说皇妹已经嘱托，指名举子张九皋为解头，是否真有此事？"

玉真公主笑曰："不过顺手人情，哪是我指名把解头给张九皋。"随即回头对王维说："你若要应试的话，我当全力举荐。"

因为自身的资质与才气，再加上玉真公主的大力提携，唐玄宗开元九年（公元721年），王维辛酉科状元及第，时年二十一岁。

王维的弟弟王缙也中了进士，虽然不及哥哥状元郎的地位，已然不易。

时来天地皆同力，运去英雄不自由。王维兄弟金榜题名，綦毋潜却铩羽而归。

唐代科举取士规模很小，进士科得第更加不易。三场辛苦磨成鬼，两字功名误杀人。据记载，唐朝进士科应诏而举者，多则两千人，少尤不减千人，所收百才有一。所以，有唐一代科举竞争的激烈程度可想而知，再加上不可预见的原因，能够首战告捷的幸运儿屈指可数。

骆宾王、张若虚、王之涣及李白、杜甫等著名诗人都不是进士出身。边塞诗人高适自二十岁起即积极求取仕途，屡赴长安应试，但"累荐贤良皆不就"，直至四十六岁，才制举中第。

两位小弟榜上有名，自己却名落孙山，落第的綦毋潜心情沮丧至极，终日借酒浇愁，为自己的穷困不得志长吁短叹。

王维想请岐王帮忙，给他在王府谋个差事，以做权宜之计，且待来年再考。心灰意冷的綦毋潜，却执意回乡。王维无奈，打点丰足的银两盘缠，送他至京都长安东郊的灞桥，置酒赋诗，为好友饯行：

圣代无隐者，英灵尽来归。

逐令东山客，不得顾采薇。

既至君门远，孰云吾道非。

江淮度寒食，京洛缝春衣。

置酒临长道，同心与我违。

行当浮桂棹，未几拂荆扉。

远树带行客，孤城当落晖。

吾谋适不用，勿谓知音稀。

——《送綦毋潜落第还乡》

诗人慰勉好友莫要灰心懊丧，落第只是暂时的不得意。当今太平盛世，圣上政治清明，唯才是举，只要振作精神，保持高昂的自信，自会扬眉在即，施展抱负指日可待。

送别曲，大多吟咏的是"感时花溅泪""长亭更短亭"，谆谆告别之际，王维却不诉感伤，殷殷劝勉，笔调昂扬，委婉尽致，倾吐衷肠，以友情的力量，鼓励朋友奋发向上。这正是这首送别诗的高明之处，浸润着情深意切，彰显着盛唐胸怀——与白云同舒卷，共沧海齐阴晴。

不由得让人联想起陶翁的诗句：

人生无根蒂，飘如陌上尘。

分散逐风转，此已非常身。

落地为兄弟，何必骨肉亲。

得欢当作乐，斗酒聚比邻。

盛年不重来，一日难再晨。

及时当勉励，岁月不待人。

——陶渊明《杂诗》

落地为兄弟，何必骨肉亲。及时当勉励，岁月不待人。知音始如此，我始终坚信，你之才华落地生根，终有灿烂花朵、硕大果实展露给世人的那一时。

这一番深情，当是綦毋潜归乡之途中抵挡寂寞孤独的一抹温暖和感动，是他日后夙夜苦读、重振雄风的莫大动力。

开元十四年（726年），再次赴京的綦毋潜，终于一偿夙愿，进士及第，并成为唐代江西最有名的诗人。

曲江游宴，翩翩一骑状元郎

古人最看重的人生"三大喜"是：他乡遇故知，洞房花烛夜，金榜题名时。

他乡遇故知是可遇不可求的。在交通极不发达，匹马单身行走江湖的时代，没有早一步，没有晚一步，赶巧在西风瘦马的古道上邂逅老朋友，这般际遇实在寥若晨星。而洞房花烛夜，是每个成年男子都要经历的，早晚而已。世人最看重的是第三喜，这一喜弥足珍贵。光宗耀祖、青史留名自古以来就是汉民族的最高理想，好男儿饱读诗书，三甲及第，一举成名天下知。于此，富贵与贫穷，一生的境遇重新谱写。

是时，王家兄弟二人同科登第，名噪京师。王缙飞马赶回蒲州，给母亲和弟弟妹妹们报喜。王府上下张灯结彩，族人奔走相告，为王家双喜临门而庆贺。

王母欢喜不尽，在王氏宗亲及王父牌位前，焚香告知：得祖上荫蔽，太原王氏后代不负厚望，光耀门楣。

居家数日，王缙即返回长安。他要和兄长王维一起参加朝廷为新科进士举行的曲江宴会。

开元九年的春二月十五日，旭日东升，百鸟朝凤，连天上悠然而来悠然而去的白云似乎都比往日神气几分。今日，大唐进士科考在吏部贡院放榜，三千多名举子中，二十五人蟾宫折桂，榜上有名，被擢选为辛酉科进士。这二十五人，堪称国之栋梁，济世安邦之才，是今后擢升为宰相、上书、刺史的储备人才，得以青史留名的人物。

所以，进士登第于国于民来说是重要之事，于个人来说同样非同寻常，庆祝活动自然盛大无比。阳春三月初三日，朝廷在曲江举行盛大的宴会，奖掖新科进士，这就是极负盛名的曲江宴。

曲江池位于长安城东南的曲江村，上游是皇家园林芙蓉园里的芙蓉池，池水外流汇集成曲江池和另一条支流。曲江园林依水而建，曲折多姿，绿柳红荷，草木丰茂。曲江附近有慈恩寺、大雁塔、杏园等名苑胜地。池南错落有致的紫云楼、彩霞亭，以及酒旗、拱桥、假山、画船，交相辉映，掩映在一片片花木丛中，美不胜收，构成一幅生机盎然的"盛世繁华图"。

宴会当天，新科进士们身着盛装，春风满面地赶到杏园赴宴。

唐玄宗李隆基为了便于从城北的大明宫到城南的曲江去，曾花费巨资修筑了一条长达八公里的夹墙。三月三日这天，玄宗皇帝带着后宫佳丽，通过这道夹墙，登上曲江边上的紫云楼观宴。岐王、宁王、薛王、玉真公主和朝廷里的文武大臣，以及主考官裴明复都赶来参加这个盛会。

宴会上，新科进士首先要向紫云楼方向齐呼万岁，叩谢皇恩浩荡，然后给皇亲国戚、王公大臣等行晚辈之礼，希望日后多多牵扶、提携，再逐一跪拜恩师和主考官，感谢他们的鼎立举荐。

曲江宴上，新进士除了拜谢恩师、交结新友、观赏曲江胜景，另外重要的一项就是饮美酒、品佳肴，与宴者无不纵酒狂饮。

人生背负责任太多，剔除之后，余下的身份不过四个字——饮食男女。能饮能食，福莫大焉。食色，性也。自古美酒配佳肴，倘若浊世没有这壶酒，就少了诸多声色趣味，不能尽情尽兴尽人意；倘若浊世没有这壶酒，哪有诗词歌赋的变化无穷、花样翻新；倘若没有斗酒诗百篇的诗人们，浊世这壶酒，不过一壶酒，焉能衍生此番风雅，彼番滋味？中国诗与中国酒，缔结下绵绵无尽期的不解之缘。

文人清雅，名士风流。无论古今，诗人向来是最浪漫、最文艺的群体，是所有风雅习俗的主角。在曲江之上，诗人们将盛着酒的杯子置于清澈的流水中，让它顺势漂下，杯子流到谁面前，谁就举杯畅饮，临流赋诗。兴之所至，此唱彼和，豪情纵歌。斗酒十千恣欢谑，会须一饮三百杯。喝个一醉方休，方显诗家本色。这就是"曲水流殇"的典故。

大魁天下的王维，自然成为曲江大会上最耀眼的一个。他的儒雅气质，他的出尘风度，大为诸贵所钦佩。

尊岐王所嘱，王维特地带来心爱的琵琶，为这盛大的欢宴助兴。一曲曲激昂奋进、欢快跳跃的琵琶曲，点燃了士子的激情，将宴会的气氛推向高潮。与宴者高谈阔论，诗酒唱和，美食美酒大快朵颐。笑语喧声，主宾皆欢。

新科进士还要到慈恩寺大雁塔题名留念，文状元提名大雁塔，武状元提名小雁塔。唐中宗神龙元年，进士及第的张莒兴致勃勃地登临慈恩寺，兴之所至，笔走龙蛇，将名字题写在大雁塔下，引来众人围观，羡慕称好。此举引得新科进士纷纷效仿，把雁塔题名视为人生的莫大荣耀。

曲江宴饮后，志得意满的一群，纷纷来到大雁塔下，将他们的籍贯、姓名和及第的时间，挥墨题写在大雁塔的墙壁上。他日若成卿相大员，再将姓名用朱笔描写。这就是所谓的"雁塔题名"。

曲江宴上还有"榜下择婿"之风俗。彼时，长安城里的名流、贵族、富豪大多携儿带女，全家出动，齐集曲江参与宴乐。或为一睹进士风采，或旨在激励幼子以进士为榜样，发奋读书，荣耀一生；而大多的父母来此，则是为了给宝贝女儿在新科进士中挑选乘龙快婿。那些待字闺中的名媛佳丽，带着前呼后拥的丫鬟仆妇，盛装而来，千方百计地制造机会，期待一见钟情，遇到令自己心仪的新科进士。

自然，妙年白皙、风流倜傥的王维得到了众多豪门的瞩目和几多名媛的青睐。但王维只是委婉谢却，因他早已心有所属。

在这个喧腾热闹的时刻，他在心里默念着远房表妹崔小妹的名字，想把心中的喜悦与她分享。他不知道，那个静美灵性的女子，此刻亦正在凝望着长安方向，期盼良人早归。

在紫云楼观宴的玄宗皇帝，不禁被王维美妙的琵琶技艺吸引，这个通晓音律诗文的全才皇帝，对文艺人才格外赏识。

在唐代，进士及第后并不立即封官加爵，需要守选三年，经过翰林院的再次选拔考试，才可顺利入职。譬如位居"唐宋八大家之首"的韩愈，前后参加过四次进士大考，终于在贞元八年（公元792年），苦尽甘来，登进士第。然而，在之后的博学宏词科考试中，连续三年均灰头土脸地以失败告终。才名远扬的他，曾以如椽巨笔三次给宰相上书，毛遂自荐，恳请推举，却未收到任何回响。直至贞元十七年（801年），他才好不容易通过铨选。等到次年，苦心孤诣的他方被任命为国子监四门博士。贵为"百代文宗"的昌黎先生，求仕之路不可谓不坎坷。

但在王维这里是个例外，皇帝唯才是举，为进士第一甲的他首开先河，任命王维为太乐丞，从八品下，掌管宫中的礼乐事宜。

刚过弱冠之年的王维，便跻身朝堂，拥有了第一份官职。这一刻，他是幸运的，是京都长安最耀眼的翩翩状元郎。

两地相思，一粒红豆寄深情

一个男人，如若生命中有一个刻骨铭心爱他的女子，有一个心有灵犀懂他的女子，夫复何求？

其实，女人又何尝不是这样呢？原来你也在这里，无论身在何处，都能深切地感受到，在这个世界上的某个角落，有人在关注她，倾听她，怜惜她，那份感动无与伦比。

感谢上天的眷顾，让王维遇到了崔小妹；同样，遇到王维，崔小妹也感到莫大的幸福。

崔小妹是王维的远房表妹，小王维三岁，是博陵崔氏后人，随父亲就职蒲州，全家迁于此地定居。大家闺秀出身的崔小妹，不仅生得清丽脱俗，温婉可人，而且琴棋书画皆有造诣。诚如世人所言：非聪慧绝伦者，万不能诗。冰雪聪明的她，熟读诗书，诗词歌赋也是信手拈来。

红绳一牵，逃不过三世宿缘。说起王维和崔小妹的相遇，不能不让人相信冥冥之中自有天意一说。

那是三年前的春节，好朋友祖自虚不幸离世之后，十九岁的王维返回蒲州和家人团聚。一日，遵照母亲指示，他和弟弟一起去拜访在东城门居住的舅父舅母。舅父舅母留他们吃了晚饭，并邀请他们一起去蒲州古城东普救寺附近观看上元节的灯盏。

这是个美好的夜晚，人海如潮，灯市灿烂如昼。天空中，一轮银盘高悬，它似乎也非常向往这盛世的繁华，化身皎洁、明净的银色华盏，为如潮灯海平添一分璀璨。

古城蒲州的东西街市上，张灯结彩，商户门店上都悬挂着红艳的纱纸灯笼，像蒙着红纱的朝阳，又像秋霜里的大柿子，不断地红，不停地亮，把人的心情也渲染成一团喜气，红火成一团温暖。

火树银花合，星桥铁锁开。大朵大朵的烟花自星空爆开，盛开成一朵朵灿烂的花束。犹如天女散花，孔雀开屏，菊花闹秋，海棠雨戏春。目之所触，到处繁花丽锦，灯火辉煌。王维不由吟咏起初唐诗人卢照邻的诗句："锦里开芳宴，兰缸艳早年。缛彩遥分地，繁光远缀天。接汉疑星落，依楼似月悬。别有千金笑，来映九枝前。"这首《十五夜观灯》是此时上元节喧嚣街景的最好写照。

更有各式各样的花灯绽放异彩。"白鹭转花，黄龙吐水，金凫，银燕，浮光洞，攒星阁，皆灯也。"金鸡展翅，龙腾虎跃，仙女散花，都是大红金黄翠绿的底色。在七色灯光里，这些颜色更加喜庆妩媚妖娆，让人看得心花怒放，喜气洋洋。街市上人头攒动，接踵擦肩，沉浸在一片欢乐的海洋里。

王维和舅父母一行人边走边看，忽然听到前方丝竹之音声声灌耳，原来是一群青年男女在踏歌而舞。

踏歌乃我国原始歌舞的一种，《吕氏春秋》记载："昔葛天氏之乐，三人操牛尾，投足以歌八阕。"其"投足以歌"，就是指人们配合音乐的节奏，以足踏地为节拍，歌而舞之。泱泱盛唐，这个艺术之天朝，将踏歌活动发扬光大，全民皆欢，来为上元节助兴。

唐玄宗李隆基与民同乐，率先垂范。在上元节这天，"遣宫女于楼前缚架，出跳歌舞以娱乐之"。他还召集东都洛阳方圆三百里以内的县令刺史，在各州郡排练大型歌舞节目参加文艺汇演，对优胜者予以重奖。

> 花萼楼前雨露新，长安城里太平人。
> 龙衔火树千重焰，鸡踏莲花万岁春。
>
> 帝宫三五戏春台，行雨流风莫妒来。
> 西域灯轮千影合，东华金阙万重开。
>
> ——张说《十五日夜御前口号踏歌词二首》

宰相张说这两首著名的《十五日夜御前口号踏歌词二首》，就是这位御用大才子奉皇帝之命亲笔撰写的踏歌歌词。

"教者，效也，上为之，下效之。"皇帝的爱好就是全民的爱好。

欢乐无穷已，歌舞达明晨。踏歌遂成为上元节一种重要的自娱性活动。

> 月出皎兮，佼人僚兮。舒窈纠兮，劳心悄兮。

月出皓兮，佼人懰兮。舒忧受兮，劳心慅兮。

月出照兮，佼人燎兮。舒夭绍兮，劳心惨兮。

——《诗经·月出》

王维和弟弟王缙情不自禁地卷入舞者的行列，在激昂的短笛、羯鼓的伴奏下，一群充满活力的年轻人联袂而舞，踏歌如梦飞。

一曲中了，踏歌的人停下脚步稍做休息。这时候，王维才看清站在他前面的是一个面容姣好的女子。女子身着一袭淡紫薄纱长裙，在皎洁的月色衬托下，愈发显得冰肌如雪，举手投足犹如风拂杨柳般轻盈袅娜。王维怔怔地望着女子，一副束手无策的样子。女子也注意到王维，霎时，眉睫低下，皙白的脸庞飞上一朵三月的桃红。

有美一人，清扬婉兮。邂逅，适我愿兮。或许姻缘就是这样，一眼望去，我便明白，你就是今生我苦苦寻觅的那个人。

一旁的舅母发现了两人的窘态，扑哧一声笑了。她拉过女子，给王维和王缙介绍说："这是崔家小妹，是你崔成吏舅舅家的千金。"又向女子道："这是太原王家长子王维、次子王缙，你的两位表兄。"崔小姐掩饰住内心的羞涩，微微欠身，盈盈一拜，见过两位表兄。一旁的王维匆促还礼，两人的头差点撞在一处，王维更加手足无措了。

回到舅父家后，王维脸色微红，满腹心事的样子。舅母看出了端倪，和王维的舅父商量，觉得两人家世相当，崔小姐乖巧懂事，又知书达理，和外甥王维简直是天作之合。

　　第二日，舅父舅母就赶赴姐姐家，和王维的母亲商量此事。王母对崔小姐亦是十二分的中意，即日就让舅父带着王维的生辰八字到崔家提亲。皆大欢喜，太原王氏和博陵崔氏又成就一对好姻缘。崔王两家商定，两人年龄尚小，待到王维取得功名之后，再行大婚。

　　在王维离家奔赴长安的前一日，舅父母带着王维到崔家向崔小姐的双亲告别，崔小妹的弟弟崔长兴，悄悄带着王维来到后花园，安排他和姐姐见面。在后花园，王维把自己锦袍上的玉坠儿取下送给崔姑娘。崔姑娘回赠王维一方丝绣帕子，上面绣着王维的四句诗：独在异乡为异客，每逢佳节倍思亲。遥知兄弟登高处，遍插茱萸少一人。两人情意绵绵，依依告别。

　　回到长安的王维，精心地把崔姑娘赠送的帕子收藏在贴身的衣袋里，每当夜读疲累的时候，就拿出帕子深情地观望。想起和崔小妹的相识、相知，内心甜美无比，幸福甜蜜的暖意让烦累霎时云散烟消。

　　在一个月明星稀的夜晚，岐王宴请从南方而来的几位朋友。席间，一位朋友从一方精致的匣子里，取出几粒鲜红浑圆的红豆送予在座的客人把玩，言说这红豆非一般的红色豆子，它自有一段神奇的来历。在上古时代，丈夫从军，妇人于家中苦苦等待，每日站在树下翘首远方，期盼丈夫平安归来。没想到却等来一纸噩耗，从军的丈夫死于边塞的一场争战，尸首全无。妇人闻知消息后，在丈夫亲手栽种的红叶树下泣涕涟涟，眼睛哭出泪泪鲜血，气竭而亡。

　　后来，这棵红叶树上结满了一树红豆，人们把它们叫作"相思豆"，也叫"相思子"。

手握着晶莹如珊瑚的几粒红豆，王维心潮澎湃，想着关于红豆的凄美的爱情故事，想起远在家乡的心爱之人崔小妹，一首《相思》呼之而出：

红豆生南国，春来发几枝。

愿君多采撷，此物最相思。

——王维《相思》

小诗一气呵成，简单明快，自然入妙，婉曲动人。

最美丽的，远非文字，远非有形的画面，而是让人刹那柔软的感觉。那令心扉惊动、久久徘徊不去的回声，正是这首《相思》的动人之处。

此诗一出，立刻在京都轰动一时，由乐工谱曲，著名乐师李龟年深情传唱，听者无不动容。

怕相思，已相思，身陷相思无处辞，眉间一丝丝。

时至今日，这首脍炙人口的诗句，仍是情人之间的惦念，古今相思之曲的代言之一。

王维和崔小妹的爱情，正如这粒粒"相思子"，晶莹饱满，纯真无瑕。

卷三：月满则亏，名利何必执着

燕尔新婚，风光无限入仕途

开元九年，在舅父和母亲的操持下，王维与心仪的女子崔小妹结为秦晋之好。这是博陵崔家、太原王氏之望族联姻的又一段佳话。

状元及第，娶五姓女为妻，是多少士子遥不可触的两件人生大喜事，同时降临在这个风华正茂的小伙身上，怎不令人称羡？

和王维一样，崔小妹也是喜静之人，两人一起读书，一起交游，月下弹琴，晨光里漫步，注视一朵花的开谢，见证一株草的荣枯。你侬我侬，忒煞情多。

《寒食城东即事》这首诗，即是燕尔新婚的王维充满青春朝气和家常安宁的心态的真实写照：

清溪一道穿桃李，演漾绿蒲涵白芷。

溪上人家凡几家，落花半落东流水。

蹴鞠屡过飞鸟上，秋千竞出垂杨里。

少年分日作遨游，不用清明兼上巳。

——《寒食城东即事》

一道清澈的溪水，穿过桃李花丛，淙淙向前流去；溪流边水草荡漾，茂密的白芷草安详而柔美地依水而生。溪流边坐落着三三两两的庄户人家，一阵微风吹过，红色、粉色、白色的花瓣飘落在人家的院落里、门廊前，还落在清澈的溪流里，漂着漂着渐然远去。

年轻的男男女女以蹴鞠、荡秋千为乐，小伙子的球技真高明，球不离足，足不离球，高高的球甚至高过了空中飞过的鸟儿。漂亮的女子荡起高高的秋千，也荡起欢乐的笑声，起落的秋千和开心的笑语一起飘出杨树林。

携手心爱之人每天这样赏玩游乐，蓬勃生活，哪天不像是在过节呢？

新婚不久，王维便要到长安赴任。王维本想接母亲和弟弟妹妹到京城居住，母亲却坚持留在蒲州老家，言说自己师事大照禅师十余岁，褐衣蔬食，持戒安禅，已经习惯当下的生活。况且年龄已大，留恋故土，不愿长途跋涉，背井离乡，去适应陌生的地方。她嘱咐王维和二弟王缙要互相照顾，家里有舅舅一家照看，让他俩放心在外边做事。

王维只好尊重母亲的意愿，告别家人，带着新婚妻子奔往长安，奔向自己的远大前程。

是年，年仅二十一岁的王维风光无限，怒马鲜衣，春闱大捷，即解褐为太乐丞，开始了仕宦生涯。

唐玄宗李隆基爱好文艺，不仅精通音律，而且能够演奏琵琶、二胡、笛子、羯鼓等多种乐器，无一不通，无一不晓。登基后的他，对音乐教坊更为重视，并成立专门音乐机构"梨园"，来培养乐队人才。"梨园"因广栽梨树而得名，后世所谓的"梨园弟子"称谓，即脱胎于此。

太乐署是太常寺主管下的音乐行政管理，是雅乐、燕乐的教育传习机构，是朝廷里的掌乐之官，主要负责调和钟律，礼乐的传习、祭祀及宴飨之乐的演奏，以及宫廷乐舞的管理排练。太乐署下设太乐令一人，太乐丞一人，部下还有乐正八人，典事八人，文武二舞郎一百四十人。因此，太乐令和太乐丞必须由精通音乐者充任。

王维的音乐素养全面而扎实，他的诗歌大多音律和美，特别适宜谱曲传唱。王维还非常擅长捕捉自然之音响，并自觉地在诗中体现音律和谐之美。他的诗歌调极雅驯，律极优美，可谓"调六气于终篇，正五音于逸韵"，给人以"百啭流莺，宫商迭奏"的音乐美感。

宋人郭茂倩编撰的《乐府诗集》中，收王维诗作将近二十首，分类编纂在 "相和歌辞""清商曲辞""近代曲辞""新乐府辞"中，流传甚广。

《隋唐五代燕乐杂言歌辞集》及其附录《声诗集》中，共收集王维诗四十首之多；明朝胡震亨撰写的《唐音癸签》一书中记录："唐人诗谱入乐者，初、盛唐王维为多。"这些数据及记录，足以说明时人对王维诗词中的音乐元素的喜欢程度。

所谓术有专攻，王维在音乐方面的天分非常人所及，玄宗皇帝的任命，实属知人善任和用人所长。

当年，时任太乐令的是出身于"鼓簧史传，柱石邦家"的刘贶，刘贶的祖父刘藏器和父亲刘知几均善于词章，文史造诣深厚。父亲刘知几著述丰富，其史学专著《史通》，集前代史学批评之大成，奠定了中国古代的历史编纂学、史学史研究、史学批评学的基础，直至今日，对后代的史学研究仍有借鉴作用。

得益于官宦之家和书香门第氛围的习染，刘贶博通经史，在天文、律历、医学、算术、音乐等方面均有建树，著有《六经外传》三十七卷，《太乐令壁记》三卷等经典文献，是个实力雄厚的学问型人才。

在这样博学多识的大儒手下任职，初出茅庐的王维自然是欢喜的。

虽然少年王维有着胸怀天下、致君尧舜的远大政治抱负，期望能以自己的学识和智慧位极人臣，做出一番经天纬地的大事业。但未来的日子还很长，前路需要一步一步地走过。有个美好的开端，希望的眉目似乎清晰可绘。

有王维这么一个性简静、美风仪、善诗书、闲音律、善琵琶、精书画，气质儒雅、才学广博的得力下属，太乐令刘贶自然也非常满意和省心。

棋逢对手，旗鼓相当，谁言不是人生的另一种惬意？

王维依然是诸王最优待的座上客，尤其岐王，依旧对王维特别眷顾，和王维来往频繁，私交甚密。岐王深感，和王维这样一个惊才绝艳、情投意合的朋友在一起，出游才饶有趣味。落花有声，山月晴明，所有有王维参与的活动常常诗画盎然，推陈出新。所以，他不仅带着王维赴宴赴会，还几次三番为王维请假，屡屡带他出游度假。《王维集》中的这三首应教诗，就是最有力的佐证：

杨子谈经所，淮王载酒过。

兴阑啼鸟换，坐久落花多。

径转回银烛，林开散玉珂。

严城时未启，前路拥笙歌。

——《从岐王过杨氏别业应教》

座客香貂满，宫娃绮幔张。

涧花轻粉色，山月少灯光。

积翠纱窗暗，飞泉绣户凉。

还将歌舞出，归路莫愁长。

——《从岐王夜宴卫家山池应教》

帝子远辞丹凤阙，天书遥借翠微宫。

隔窗云雾生衣上，卷幔山泉入镜中。

林下水声喧语笑，岩间树色隐房栊。

仙家未必能胜此，何事吹笙向碧空。

——《敕借岐王九成宫避暑应教》

诗人吟诗作赋，大多兴之所至，洋洋洒洒，下笔成章。而所谓应教诗，现场命题，信手拈来，能写得这么顺手，用典流畅，恣肆飞扬的，在人才扎堆的大唐，亦不多见。

身处盛世，年少成名，仕途顺遂，母慈子孝，琴瑟和鸣。做自己喜欢的事，和彼此欣赏、彼此喜欢的人厮守一起。对于此时的王维来说，现世安稳、光阴静好大抵如此。

此时的他并不知道，伴君如伴虎，无限风光的他，其实已经站在命运的风口浪尖。

暗流汹涌，舞黄狮君主震怒

走上仕途，也即融入了官场，再加上诸王的厚爱，王维参与的应酬更加多起来。谈笑有鸿儒，往来无白丁。坊间风雅高韵的聚会，与会者皆是当时的文人名士，吟诗作赋自然成为不可或缺的一项仪式。

某一日，一位姓赵的都督被朝廷派遣，即将挂帅到代州（今山西代县）戍守边塞。于是，同僚们一起来为他饯行，王维也是其中一员。

宴席上，酒过三巡，气氛热烈起来。所谓斗酒之后诗百篇，有酒焉能无诗？有人提议，分韵作诗来为文武兼修的赵都督壮行。

大唐本是诗的帝国，从王侯将相到街巷平民，流风所及，无论是谁站起来都会大大方方赋几句诗，这个提议自然得到热切响应。
于是，提议者积极操作起来，让在座宾客相继抓阄，以抓到的字韵
七步成诗。

于是，抽取"开"字的张谔以"开"字韵赋诗一首：

社金流茂祉，庭玉表奇才。

竹似因谈植，兰疑入梦栽。

乌将八子去，凤逐九雏来。

今夜明珠色，当随满月开。

——张谔《满月》

手拿"林"字的储光羲遂作"林"字韵诗：

幽人下山径，去去夹青林。

滑处莓苔湿，暗中萝薜深。

春朝烟雨散，犹带浮云阴。

——储光羲《幽人居》

**轮到王维抓阄，得一"青"字，他眉峰一展，一首以"青"字
为韵的五言律诗即兴而发：**

天官动将星，汉地柳条青。

万里鸣刁斗，三军出井陉。

忘身辞凤阙，报国取龙庭。

岂学书生辈，窗间老一经。

——《送赵都督赴代州得青字》

这首作于离筵之上的即兴诗，题谓"送别"，却没有倾吐送别的凄楚之音，而是另起笔锋，以虚拟的语气，勾勒出赵都督英勇赴边的雄壮气势，彰显赵都督戍边卫国的耿耿忠心。全诗意气风发，格调高亢，诗人渴望有所建树、济世报国的思想力透纸背，掷地有声。

然而，不是所有的热血皆被挥洒在疆场，不是所有的诗意都能实现在远方。命运的玄机在于，它总是在你毫无防备的时候，出其不意地给你当头一棒。

经过秦汉时期百戏在民间舞蹈技巧上的飞跃，加之南北朝时中外乐舞的吸收和融合，国力强大的盛唐王朝的乐舞达到了一个更趋于成熟的新境界，成为古代舞蹈艺术发展的最高峰。

在盛唐开元年间，除了丰富多彩的民众性舞蹈活动，还有仪式华丽、规模宏大的宫廷燕乐舞蹈亦大量涌现，成为唐代舞蹈一大胜观。爱好乐舞的唐玄宗，从坐部伎及宫女中挑选出一大批技艺最高的乐工、舞伎，并设立了梨园，专事歌舞的排练和演出。而太常寺下的太乐署，即是管理宫廷乐舞等事宜的机构。

意外就出在这宫廷乐舞之上。

和兄长李隆基一样，岐王李范也是个文艺全才，他爱热闹，好酒，好诗，好歌舞。因为所好太多，为人豪气，他就成为一个不拘礼节之人。

重阳节前夕，太乐署紧锣密鼓地排练大型舞蹈《五方狮子舞》，准备在重阳节的庆典活动中表演。王维不敢懈怠，夙兴夜寐，为狮子舞编排出新的乐曲，指导乐工们按照新曲日夜操练。

狮子舞最早由西域传入，狮子是文殊菩萨的坐骑，随着佛教在我国的传播，舞狮子的活动也逐渐盛行起来。狮子在国人心目是吉祥如意的象征，在每年的重大喜庆日子里，人们敲锣打鼓、舞狮庆祝，寄予着民众希望驱邪辟鬼、求吉纳福的美好愿望，也彰示着欢乐祥和的盛世繁华。

一天，因几日不见王维，岐王便到太乐署找他喝酒。于是，太乐令刘贶就安排一桌精美的酒菜，招呼几个属下盛情款待岐王。酒逢知己千杯少，岐王和太乐令刘贶都是性情之人，推杯换盏，一来二去，几个人都有些微醺。乘着酒兴，岐王忽然来了兴致，提出要看热闹的黄狮子舞。

王维面有难色，因为在唐朝，关于颜色的使用戒律森严，平民百姓舞的是红狮子，黄色是皇家的颜色，黄狮子舞只有玄宗皇帝在场或者由皇帝特批才能表演。

岐王大大咧咧地说："没事，我是皇帝的亲弟弟，看个黄狮子表演，犯不上什么大事。我三哥说过，手足之情最亲密，让我想做什么就做什么，什么好玩就玩什么，我现在就觉得看黄狮子舞好玩，怎么，不让看吗？"

王维向太乐令刘贶看去，刘贶没有阻止，爽快地说："王爷想看，就舞一回，也请王爷看看节目排练得如何，替皇上把把关。"

上司有话，王维不好再坚持，就命令手下伶人来为岐王表演黄狮子舞。

身着黄色佩饰的狮子上场了，在同样穿着黄色服饰的狮子郎的逗引下，由两名伶人扮演的黄狮子在台上配合默契，时而勇猛无比，做跌扑、登高、腾转、踩球等各种惊险动作；时而温顺活泼，展示搔痒、舔毛、打滚、抖毛等可爱状，形象逼真，活灵活现；彼时，场上还有一百四十位乐工高唱着《太平乐》为之伴舞，歌舞升平，华美壮观。

岐王大呼看得过瘾："真乃我盛唐之风，真乃我盛唐之风！"

谁知，第二日，就有好事者将舞黄狮子的事报告给了唐玄宗。玄宗皇帝大怒，以欺君犯上之罪，下诏将太乐令刘贶贬谪出京，发配至岭南蛮荒之地。王维亦受到牵累，被贬到距离京都两千多里的济州（今山东聊城市茌平县），做九品之下一个管理仓库的小官——司仓参军。

王维本希望岐王能站出来说明情况，为他求情，谁知岐王闭门不见，王维才知道这次事件非同小可，诸王唯恐避之不及，谁都帮不上忙，王维长叹一声也就作罢。

于是，王维收拾行装，带着家小离开长安。因为路途遥远，怕妻子的羸弱之体受不了长途跋涉的劳累颠簸，王维决定暂将妻子崔小妹送回蒲州和母亲一起生活。

抵至蒲州后，王维先去上房叩见母亲。母亲正在参禅礼佛，一身布衣的她，掌心相合，口中念念有词，虔诚恬淡的神情犹如圣母。

望着神情专注、一身静穆的母亲，王维急躁不宁的心情瞬间安静下来。他像小时候一样，闭上双眼，和母亲一起双手合十，静心诵经。

待一炷香完毕，王维见过母亲，母子俩手拉手走出佛堂，在后厅里，他向母亲一五一十地讲述了事情的经过。

母亲怜爱地望着长子，她懂儿子的委屈，也明白官场之上鱼龙混杂，有些事情绝非自己想象的那样简单。

她语重心长地劝勉儿子："吾儿不必太难过，人生路上，有志得意满的风光一时，亦有颠簸起伏的坎坷一刻。心非心，物非物，心高于物，而不受牵绊，才是佛家大智慧。吾儿若不执着世间之物质名利，身心皆空，则有大慈悲，大欢喜。"

王维若有所悟，陷入沉思。

新婚的妻子崔小妹一再恳求和王郎一起远走济州，由她来照顾夫君的饮食起居。有情饮水饱，她愿意以她柔弱之躯，为夫君分忧解愁，和他举案齐眉、同甘共苦。

王维亦舍不得和温柔可人的妻子分开。

可是，爱有多深，怜惜就有多重。济州小城地处偏远，有很多不可预知的艰难，他怎么舍得妻子舟车劳顿，跟着他去受苦。

无法拂逆夫君的坚持，崔小妹只得含泪收回自己的坚持。她让王维放心前去，自己在家一定会一心一意侍奉母亲，照料弟弟妹妹。她叮嘱夫君要照顾好自己，早日归来，两两团圆。

在家逗留数日后，王维便告别母亲和妻子，带着家童策马奔赴济州任上。

崔小妹送了一程又一程，直至夫君的马匹绝尘而去。

人生最苦是离别，更那堪，冷落清秋节。

微官易罪，卷入党争遭贬谪

听从母亲的劝慰，王维对被贬济州之事稍觉释减。佛语：看破，放下。可是，滚滚红尘，谁人能一眼勘破，又有几人能做到万物皆空？

两个月前，他还是名动京师、前呼后拥的翩翩状元郎，如今却背井离乡，灰头土脸地走在贬谪的路上，迷茫和孤独再次左右王维的心情，郁郁累累，不吐不快：

微官易得罪，谪去济川阴。

执政方持法，明君照此心。

闾阎河润上，井邑海云深。

纵有归来日，各愁年鬓侵。

——《初出济州别城中故人》

官职卑微，动辄得咎，不是皇上不圣明，而是执政者的"以法办事"，使他跟着遭了殃。远走济水之滨的他，沿着黄河岸边的村落行行重行行，心情就像天空中翻滚而来的铅云一般沉重。他知道，总有一天，他还会返回京城，只是，归期遥遥，或许归来之时，他已是鬓发苍苍之岁了。

有极度的失望，亦怀着一丝丝的希望；有开脱，亦多怨尤。诗句以曲折委婉之笔，努力克制至怨而不怒，但对当权者为所欲为的怨愤之情，以及对结局的无力之感，却是草蛇灰线，辗转可见。"执政方持法，明君照此心"一句极尽周旋，立言巧妙，显示出诗人"极忠厚，极不忠厚"。不过，想不通乃人之常情，诗人亦概莫能外。

恰如诗中表露的情况，王维此次坐累，是唐王朝内部复杂的政治斗争所致。

唐玄宗李隆基因"太平公主之乱"，多年来一直心有芥蒂，总担心诸王暗中结党营私，伺机谋反。据《资治通鉴》记载：开元八年十月，玄宗皇帝曾发布一道禁约诸王与群臣交结的禁令。但是天性不拘的岐王李范未放在心上，一直执念于兄弟之间亲密无间的情谊，沉溺于先前"花萼相辉楼"的奏乐坐叙，一起热热闹闹吃饭、喝酒、下棋，盖一床大被子，同床共寝的弟兄情谊，依然我行我素，毫无节制。

玄宗皇帝自然非常生气，遂采取行动，把与岐王、薛王等王宫贵族交往的一批官吏文士，轻者贬谪流放，重者杖死。驸马爷裴虚己因与岐王交往游宴，来往频繁，被迫与霍国公主离婚，流放至岭南的新州。诗人刘庭琦、张谔因为常常与诸王赋诗相娱，歌舞宴乐，分别被皇帝找个理由贬到雅州、山荏赴职。

诸王身边清静了，玄宗皇帝也就高枕无忧了。玄宗皇帝安抚兄弟们说：我们手足本来亲密无间，可那些趋炎附势的小人硬要巴结，离间我们的兄弟情义，我绝不因此而责备弟弟。

在这次事件中，太乐令刘贶也受到严重处罚，被贬出京，发配岭南蛮荒之地。刘贶的父亲刘知几为儿子愤愤不平，在朝堂当众和皇上辩解，惹得唐玄宗龙颜不悦，一纸令下，将六十一岁的他贬职为安州（今湖北安陆）都督府别驾。

据说，史官刘知几因忠于历史，直言敢谏，秉笔直书，令玄宗皇帝大为不满，借此机会把他贬出京城，以示警告。且时任宰相的张说，与太乐令刘贶的父亲刘知几矛盾较深，这也是"舞黄狮子案"背后的另一隐情。

花甲之年的老人，哪里经得起长途颠簸，加之心绪悲愤难平，刘知几在安州上任不久就病逝了。

城门失火，殃及池鱼。深陷如此复杂的政局形势中，毫无政治经验和心理准备的王维，自然就成了这次突发事件的牺牲品。

诗歌一向有抒心中块垒之效用，理清事情的来龙去脉，将心中的不满与困惑诉于笔端，王维的心情莫名地轻松起来。他想，这就是母亲所言的放空吧。

他和家童策马扬鞭，先抵洛阳，在洛阳见过好友祖咏，两位知己把酒话旧，心事尽吐。花时金谷饮，月夜竹林眠。他们忆起昔日同祖自虚、綦毋潜等几个诗朋酒侣，相逢意气为君饮，京洛宦游，携手同欢的快乐，在西下的斜阳里，二人不由得又唏嘘慨叹一回。

第二日早上，王维和祖咏依依告别，打马前行，傍晚至郑州境内，在虎牢关驿站，王维写下著名的《宿郑州》一诗：

> 朝与周人辞，暮投郑人宿。他乡绝俦侣，孤客亲僮仆。
>
> 宛洛望不见，秋霖晦平陆。田父草际归，村童雨中牧。
>
> 主人东皋上，时稼绕茅屋。虫思机杼悲，雀喧禾黍熟。
>
> 明当渡京水，昨晚犹金谷。此去欲何言，穷边徇微禄。
>
> ——《宿郑州》

很多时候，所谓的云淡风轻，只是给心情的一种暗示和提醒。天晴日照，云开雨散，谁说不需要一个过程？

彼时，王维已经深谙母亲的临别教诲，他放眼山川风物，吟诗抒情。汲取自然景物中的生活乐趣，荡涤与亲友分别后的孤独，以清静无为的佛老思想排遣宦海沉浮的失意与苦闷，以超然物外的心态释放最真的自己。诗句闲雅幽寂，入诗入画，颇有彭泽遗风。

次日一早，王维从武牢出发，舟行黄河，经荥阳东北的敖仓口到达荥泽。秋天的原野，炊烟袅袅的村庄，沿岸旖旎的景色和繁华的市井烟火使他诗兴又起，挥笔写下《早入荥阳界》一诗：

> 泛舟入荥泽，兹邑乃雄藩。
>
> 河曲闾阎隘，川中烟火繁。
>
> 因人见风俗，入境闻方言。
>
> 秋野田畴盛，朝光市井喧。
>
> 渔商波上客，鸡犬岸旁村。

前路白云外，孤帆安可论。

——《早入荥阳界》

《早入荥阳界》这首诗写了荥阳的地理形势、风土人情，以及满眼成熟的庄稼、喧闹的市井、秋天的旷野、河岸上的旖旎风光，画面多变，影影绰绰。诗人移步换景，娓娓道来，意态从容，优美如画。

告别荥阳，王维泛舟东进，经汴河抵达汴州（今开封市），王维因雨受阻，在汴州城小住，留诗《千塔主人》：

逆旅逢佳节，征帆未可前。

窗临汴河水，门渡楚人船。

鸡犬散墟落，桑榆荫远田。

所居人不见，枕席生云烟。

——《千塔主人》

虽拜访高士千塔主人未遇，但仲秋时节汴河两岸的田园风光，汴河人家怡然自乐的祥和与闲适，在诗里刻录如画，沁人心房。

离开汴州后，王维由陆路经过滑州（今河南滑县），经过一个多月的奔波，历经两千余里的长途跋涉，终于抵达济州。

诗人不幸诗家兴，贬谪路上的王维，一路走来，诗以纪行，一步一景，一地一歌，既无"秋风秋雨愁煞人"的肃杀，也没有"白发三千丈，缘愁似个长"的焦虑之感，而是以乐景写哀情，哀而不伤，怨而不怒，满眼温馨、欣欣向荣的田园气息，这也是盛唐气象给予诗人的胸襟气度。

风尘仆仆的王维，站在湍湍急流的济水河岸，思绪万千，他不知道，等待他的又将是什么。

度日如年，为报故人憔悴尽

时间是个很奇妙的东西，心情愉悦时，白日放歌须纵酒，光阴似箭流；心情郁闷时，则独自凄凉还自遣，度日又如年。

公元722年，济州任上的王维，就是在心如熬煎中度日如年。

济州是个远离京都的偏远小城，而司仓参军不过是个管理仓库的小官，每日里负责仓廪庖厨、财务的收支记录，租赋的收取，实际工作琐碎繁杂，乏善可陈，毫无政绩可言。再加上刺史李大人凭借朝廷中有强硬的后台，对落魄的王维态度轻慢，丝毫不看在眼里，所以，王维在济州过得郁郁寡欢。好在王维手下有两个得力的助手，他们非常敬仰新上任的王参军的才华和人品，对王参军分派的任务悉心尽力，让王维略有闲暇。于是，心情郁闷的时候，王维常常寄情山水，四方游历，探幽访胜，尽览济州的名胜古迹。

这日，王维到山东东阿县境督查租赋收缴情况，公事完毕后，看时间尚早，他便和随从一起到县城西南鱼山西麓，凭吊陈思王曹植墓。

鱼山又名吾山，地方不大，却有着厚重的人文历史。当年，曹植被封为东阿王，有感于鱼山山川秀美的自然风貌，尝有临终安寝于此的心愿。太和六年（公元232年），年仅四十一岁的曹植于陈郡（今河南淮阳）忧郁而终，其子曹志遵照先父遗愿，依山营穴，封土为冢，将其遗骸迁葬于鱼山。在连绵群山中，这处墓冢攒峰耸翠，林木葱郁，黄河和小清河萦绕其间，宛若襟带，潺湲东去，沃野万顷，实乃钟灵毓秀之地。

当年，因为世子之争而遭受排挤、郁郁不得志的曹植到东阿后，除了潜心诗作，研读佛经外，还创始了佛教音乐——梵呗之音。在写作、读书之余，曹植常独自登临鱼山观览，一日，静默面对鱼山诸峰的他，忽闻空中梵天之响，清婉明亮，其声动心，独听良久，心有触动，感鱼山之神制，乃摹其音，谱成《太子颂》等梵呗。

屹立在鱼山顶峰的王维，耳旁似闻梵天之音，冥冥之中，他穿越时光之河，与四百多年前的陈思王默然相视，两位风雅独绝的旷世才子惺惺相惜，仿佛神交已久。

在济州期间，王维同当地达官贵族鲜有交情，未留下唱和诗句，同济州贤隐、僧道却多有来往，诗以赠答：

虽与人境接，闲门成隐居。
道言庄叟事，儒行鲁人余。
深巷斜晖静，闲门高柳疏。

荷锄修药圃，散帙曝农书。

上客摇芳翰，中厨馈野蔬。

夫君第高饮，景晏出林间。

——《济州过赵叟家宴》

这首《济州过赵叟家宴》写的就是在一名姓赵的高士家里宴饮的场景，他们就着深巷里的夕阳斜照，在高大的柳荫下，吃着主人在田野里刚采摘来的新鲜菜蔬，喝着自家酿制的美酒，开轩面场圃，把酒话桑麻，相视一笑，不醉不还。

解印归田里，贤哉此丈夫。

少年曾任侠，晚节更为儒。

遁迹东山下，因家沧海隅。

已闻能狎鸟，余欲共乘桴。

——《崔录事》

宝剑千金装，登君白玉堂。

身为平原客，家有邯郸娼。

使气公卿坐，论心游侠场。

中年不得意，谢病客游梁。

——《成文学》

翩翩繁华子，多出金张门。

幸有先人业，早蒙明主恩。

童年且未学，肉食鹜华轩。

岂乏中林士，无人荐至尊。

郑公老泉石，霍子安丘樊。

卖药不二价，著书盈万言。

息阴无恶木，饮水必清源。

吾贱不及议，斯人竟谁论。

——《郑霍二山人》

声色犬马之外，生活另有一处真实的清幽，让生命得以安然栖息。

《济上四贤咏三首》分别写了王维和饶有生活意趣的四位隐逸贤士的交往，主人设宴款待，杯酒尽欢，王维以诗相酬，迎来送往。

同声相应，同气相求，和一见如故，莫逆于心的有缘人同游，聊聊世事，抒抒心愿，抖抖豪气，来几句陌生方言的交谈，谁说这不是惬意的人生？

可是，午夜梦回的时候，黯然神伤，不能不记挂远在家乡的母亲和妻子，迫切地想知晓她们的近况，是否快乐、安康？

光阴荏苒又一秋，当王维由济州治所渡黄河西北行至清河时，望着家乡的方向，凝神久久，王维情不能已，一片诗心喷薄而出：

泛舟大河里，积水穷天涯。

天波忽开拆，郡邑千万家。

行复见城市，宛然有桑麻。

回瞻旧乡国，渺漫连云霞。

——《渡河到清河作》

激滟波光载着诗人一袭沉甸甸的乡愁，滔滔汩汩奔赴亲人的那方。

烟水茫茫，乡思飘摇，秋水望穿，故乡却在遥远的远方。

乡愁漫漶的时候，是借酒浇愁愁更愁的时候，亦是渴望安慰与问候的时候，当此时，有朋自远方来，岂不乐乎？

开元十二年（公元724年），好朋友祖咏进士及第，次年秋天擢第授官东州，在前往东州赴任的途中，祖咏顺道到济州与王维会晤。

他乡遇故知，度日如年的王维怎不欣喜若狂呢？随即口占一绝，欢迎知己的来访：

门前洛阳客，下马拂征衣。

不枉故人驾，平生多掩扉。

行人返深巷，积雪带余晖。

早岁同袍者，高车何处归。

——《喜祖三至留宿》

祖咏是个才情出众兼个性卓然的诗人，说起他的进士应试诗，盛传着一段佳话。

唐朝诗赋取士，但这诗赋拟有具体的格式规定，祖咏在长安应考的那一年，文题是"终南望余雪"，须写出一首六韵十二句的五言长律。

状景绘物诗祖咏拿手，他略加思索，提笔而书：

终南阴岭秀，积雪浮云端。

林表明霁色，城中增暮寒。

——祖咏《终南望余雪》

祖咏写完后搁下笔来等待交卷，主考官看到后，善意地提醒他：诗赋仅写四句不合乎规定，你再补上几句才行。祖咏不是不能写，却固执地坚持自己的看法，认为写成六韵十二句纯属画蛇添足，留下两个字"意尽"，飘然而去。才子很任性，后果很严重，祖咏再一次落榜。

但是，祖咏的这首精练含蓄、别有新意的咏雪诗，却得到后世的一致公认，成为唯一入选《唐诗三百首》的一首应试诗。清王士祯称其为咏雪的"最佳"之作，与陶潜的"倾耳无希声，在目皓已洁"及王维的"洒空深巷静，积素广庭宽"堪以比肩。

比肩的不仅是相近的诗风、恣肆的才气，还有彼此人格上的独立和自由，建立在此基础上的友谊是长久和牢固的。

王维为好友仕禄的坎坷而心痛，赠诗为好友不平而鸣，给予深切的理解和牵挂：

> 萧蛸挂虚牖，蟋蟀鸣前除。
> 岁晏凉风至，君子复何如。
> 高馆阒无人，离居不可道。
> 闲门寂已闭，落日照秋草。
> 虽有近音信，千里阻河关。
> 中复客汝颍，去年归旧山。
> 结交二十载，不得一日展。
> 贫病子既深，契阔余不浅。
> 仲秋虽未归，暮秋以为期。
> 良会讵几日，终日长相思。

——《赠祖三咏》

所谓知音，就是那个懂你心声，知你进退的人；所谓知己，就是那个了解你像了解他自己，以你的悲喜而悲喜的人。

尔今，祖咏苦尽甘来，杜绾榜进士及第，王维怎不替他高兴？

王维和祖咏两位好友抵足而眠，彻夜长谈。祖咏的这首酬答诗同样发自肺腑，情深意笃：

> 四年不相见，相见复何为？
> 握手言未毕，却令伤别离。
> 升堂还驻马，酌醴便呼儿。

> 语默自相对，安用傍人知。
>
> ——祖咏《答王维留宿》

开诚相见，情比手足，他们之间的诗词唱和，是两人在孤单的羁旅中不可或缺的心灵慰藉。

欢乐的日子何其短暂，人生总是聚少离多。仕路茫茫，前途未卜，知己话别，愁绪深沉。王维舍不得好友离去，送了又送，直至百里之外的齐州州郡。

> 送君南浦泪如丝，君向东州使我悲。
>
> 为报故人憔悴尽，如今不似洛阳时。
>
> ——《齐州送祖三》

相逢又告别，归帆即离岸。望着祖咏的船只渐行渐远渐无迹，王维心潮如涌，一腔诗情含泪飞。

语短情长，意犹未尽，离愁别绪淋漓尽致，无以复加。也由此看出王维在济州任上的孤独熬煎，欢乐即逝，悲伤鱼贯而入。

诚而应之，士为知己者业勤

送走祖咏后，王维的心情难以平复。

人生最痛苦的是梦醒了无路可走，他在济州任上已近四年，四年的时光无人问津，仿佛与世隔绝一般，他不知道，什么时候才可以结束这般漂泊困窘的生活。

孤独，茫然，无所适从，温文尔雅的诗人亦有放浪形骸的"狂夫"之举，这首《偶然作》表现的就是诗人当时的怨刺、愤懑的心情：

楚国有狂夫，茫然无心想。

散发不冠带，行歌南陌上。

孔丘与之言，仁义莫能奖。

未尝肯问天，何事须击壤。

复笑采薇人，胡为乃长往。

——《偶然作其一》

开元十三年（公元725年），王维遇到新任的济州刺史裴耀卿大人，暗无天日的贬谪生涯终于拨开乌云见月明。

裴耀卿，字焕之，父亲裴守真，官至宁州刺史。出身世家的他，少年得志，天赋异禀，几岁就能出口成章，武则天当政时考中童子科，年及弱冠便开始在朝中做官。

开元元年时，裴耀卿被唐玄宗任命为长安令。在长安县，他改革按户征购财物的税赋法，所需皆向豪富及商人征缴，宽严得当，为贫苦百姓减轻负担，杜绝了奸邪囤积的流弊，深受百姓爱戴。他离职后，长安的百姓们依依不舍，为他送行到十里之外。

裴耀卿和王维两人之前在诸王府里曾经会过面，互有好感，王维敬重裴耀卿的明敏强干，裴耀卿欣赏王维的纵横才气。这一次异地重逢，又为上下级关系，自然两两欢喜。

自古英雄相惜，况且，王维就是那种和他交往如同啜饮美酒，不知不觉就醉了的人物。

大王维二十岁的裴耀卿对官场及人生自有深知灼见，他语重心长地劝慰王维："贤弟莫要为被贬之事悲叹沮丧，山不辞土，故能成其高；海不辞水，故能成其深。欲成大事者，不在能知，乃在能行。贤弟乃万人之英，自强不息，上下求索，他日定会重返朝堂，青云直上。"

以诚感人者，人亦诚而应之。贵为长官的裴耀卿，这样坦诚相见，看重推崇，热情鼓励，让王维度日如年的岁月透进一丝丝的光亮。作为下属的他，自然心怀感激，信心倍增，恢复了原本的元气和活力，积极地投身到所辖事务中。

正应了那句话：只要心情舒畅，逆风也能飞翔。

仰不负天，俯不愧民。裴耀卿素以严以自律、勤政爱民著称当世。他曾经养了一只知更鸟，且精心训练这只鸟儿，使其在不同的时辰啼叫，初更时轻叫三声，他在这三声里起床闻鸡起舞，读书习字；五更时大声鸣叫五声，他在五声后开始批阅公文，处理政务。

凭借这样超强的自律能力，他的生活和工作安排得有条不紊。

初到济州上任，裴耀卿就遇到了大事。

唐玄宗登基后，大展雄风，治国有方，开创了唐朝的鼎盛时代——开元盛世。开元十三年，文武百官及四方文士，以圣上治世有功，封禅泰山，以告成功于天为由，请修封禅之礼。宰相源乾曜和中书令张说四次上书，言辞恳切：

> 即位以来，十有四载，创九庙，礼三郊，大舜之孝敬也；敦九族，友兄弟，文王之慈惠也；卑宫室，菲饮食，夏禹之恭俭也；道稽古，德日新，帝尧之文思也；怜黔首，惠苍生，成汤之深仁也；化玄漠，风太和，轩皇之至理也。至于日月星辰，山河草木，羽毛麟介，穷祥极瑞，盖以荐至而为尝，众多而不录。正以天平地成，人和岁稔，可以报于神明矣。

玄宗皇帝经过几番谦让后，欣然首肯。

于是，十月初，唐玄宗率领百官、贵戚及外邦客使，千乘万骑，浩浩荡荡向山东开拔。

唐玄宗封禅泰山，途经济州，为迎接圣驾，筹集经费，需要在正税外临时加税。王维协助裴耀卿，整饬税赋法，将税银按田亩数合理均摊于各户，并把封禅的线路安排在城郭外围，避免打扰百姓的日常生活，处置得非常得当。济州府既以盛大隆重的阵容接待了皇帝的仪仗队，又没有过重盘剥百姓，唐玄宗大为赞赏，对宰相张说言："如今朕东封泰山，沿途各州中，济州府处置得最为方便妥帖，政绩有嘉。裴耀卿上书'百姓若受到严重困扰，就不能以成事祭告上天'，朕把它放在座右以自戒。"

泰山封禅虽劳心劳力，终以皆大欢喜而收梢，裴耀卿和王维各自松了一口气。有人传言皇上要加封裴耀卿，裴耀卿也未放在心上。

不想，一场突如其来的涝灾突袭了这座城池。对济州城说，这是一次巨大的考验。

入夏以来，济州及周边地区连降大暴雨，黄河决口，滔滔汩汩，犹如万马奔腾，几天工夫，大水吞噬几十个州县，毁坏庄稼农舍无数。水势凶猛，潮头涌到济州城下，高达二丈八尺，高出城中平地一丈零九寸，随时有可能冲毁城墙，一泻万里。水火无情，惊心动魄，济州危在旦夕。

在危急存亡关头，裴耀卿沉着果断，亲临现场，勘察水势，做出周密细致的安排部署。王维连夜制定详细的计划与预算报告，积极筹备抗洪物资，保证粮财供应，安置流离失所的灾民，协助裴刺史抗洪抢险。

恰在这时，裴耀卿接到皇帝诏书，改任他为宣州刺史。爱民亲民的裴耀卿没有借此脱离这灾厄之地，为了稳固民心，他将圣旨揣在怀里隐而不发，身先士卒，全力以赴投入如火如荼的护堤抗洪斗争中。

裴耀卿和王维亲荷畚锸，布衣草屦，率领济州大小官史，以及驻防济州的八千禁军和五千民夫，日夜加固城墙，军民众志成城，万众一心，过家门而不入。终于，赶在最大洪峰到来之前，筑起一道巍峨的大堤，把汹涌的洪水挡在城外，使仓库庐舍和济州百姓得免漂没之苦。

大堤筑成后，裴耀卿和王维又尽快召集济州当地的水务部门实地勘测水情，商议制定彻底解决黄河水患的有效方案。经过多方考证，他们决定因势利导，开凿济州北部的清河口，将洪水引入黄河故道，从根本上解除洪涝威胁。

经过近四十天的坚守，随着洪水回归黄河故道，终于，济州解围，百姓欢天喜地。

是时，裴俊卿才请出圣旨，和各位属官和百姓们告别。济州的老百姓围着救他们于水火之中的刺史大人，依依不舍。

皇恩浩荡，圣命难违。次日一大早，裴耀卿启程前往宣州赴任。本来想悄悄离境，不惊扰一方百姓。不曾想，万人空巷，济州的百姓扶老携幼，带着精心准备的米面蔬果，前来为刺史大人送行，场面极其感人。

此次涝灾，附近州县黄河均有决口之险，淹没房舍万间，良田无数，唯有济州一方得以保全。

济州百姓感恩戴德，为了永世铭记裴耀卿刺史大人的勤政爱民的感人事迹，他们自发募捐，建造一座"裴仆射济州遗爱碑"，洋洋洒洒近三千字的碑文，出自王维深情的手笔：

公急人之虞，分帝之忧。御衣假寐，对案辍食，不候驾而星迈，不入门而雨行。议堤防也，至则平板桥，具糇粮，揆形略趾，量功命日，而赤岸成谷，白涛互山，虽有吕梁之人，尽下淇园之竹，无能为也。乃有坏防之余，冲波且尽，仅在而危同累卵，将坠而间不容发。公暴露其上，为人请命，风伯屏气以迁迹，阳侯整波而退舍，又王尊至诚，未足加也。然后下密椟，搴长茭，土篑云积，金锤电散，公亲巡而抚之，慰而勉之。千夫毕饭，始就饮食；一人未息，不归蓬庐。惰者发愤以踧勤，懦者自强以齐壮。成之不日，金堤峨峨，下截重泉，上可方轨，北河回其竹箭，东郡郁为桑田。先是朝廷除公宣州刺史，公惜九仞之垂成，恐众心之或怠，怀丝纶之诏，密金玉之音，率负薪而益勤，亲执扑而弥励。

在碑文中，王维记述了裴耀卿在济州的政绩，详细介绍了裴耀卿身先士卒，亲自率领百姓浚河修堤，抗洪救灾，保护家园的感人场面，赞颂了裴耀卿恪尽职守、爱民亲民的精神。文笔纵横，措辞有力，亦从侧面体现了王维关心民瘼，期望百姓安居乐业、生活幸福的美好理想。

"君子有责于斯世，力能救则救之，力能正则正之。"有兼济天下之胸怀和抱负的士人，无论古今，秉承的都是这样的为官之道。

以心换心，一心为公，不负于民的官员，百姓世世代代将铭记于心。

裴耀卿走后，王维依旧做他的司仓参军，只是，无可名状的苦恼和空虚，攻城略地，蝗虫一般蚕食他的心田。

孤独的时候，也是想家的时候。独处的时候想家，夜不成寐的时候想家，和朋友一起喝酒聊天时想家，不经意间，谈及的皆是家乡的山川草木，呼之欲出的，是脑海里最最熟悉的名字。登高望远的时候，尤其想家，想家的时候，也是诗情酝酿、如雨滂沱的时候：

> 高楼望所思，目极情未毕。
> 枕上见千里，窗中窥万室。
> 悠悠长路人，暧暧远郊日。
> 惆怅极浦外，迢递孤烟出。
> 能赋属上才，思归同下秩。
> 故乡不可见，云水空如一。

——《和使君五郎西楼望远思归》

开元十四年春，唐玄宗大赦天下，所有获罪官员均在其列。王维果断辞去司仓小吏职位，离开济州任所，踏上返乡之路。

近乡情怯。归乡途中的王维的心情可想而知，四年光阴，四年蹉跎，他不知该怎样面对热切盼望他归来的母亲和妻子。这首作于广武城的《寒食汜上作》一诗，是他悲伤落寞的心情的真实写照：

> 广武城边逢暮春，汶阳归客泪沾巾。
> 落花寂寂啼山鸟，杨柳青青渡水人。

——《寒食汜上作》

暮春时节的广武城边，落花寂寂，撒满山坡。一只山雀在枝头啾啾啼叫几声，张翅飞向另一处高枝。

渡口边，杨柳青青，无人折柳相送，诗人心里却充斥着难以平息的离愁别意。面对着茫茫无涯的水面，内心也如水面一样茫茫，无所着落。

　　舟能渡人，一颗失落的心，绕树三匝，何枝可依？

卷四：宦海浮沉，谁人可诉心曲

离京外放，营求俸禄以养家

孟子《跬道》曰："理亦无所问，知己者阒耆。良驹识主，长兄若父。"

"长兄若父"说的是一个大家庭中的长子，理应协助父母料理家事，主持家务。当父亲外出或者故去时，长子要义不容辞地担当起父亲的责任，照顾好弟弟妹妹，尽扶养、教育之责。这个观念在汉民族心中根深蒂固。"长兄若父"成为一种传统美德，代代相传，薪火不熄。

作为太原王氏的长子，王维非常清楚自己肩上的责任，不敢懈怠，从他的《偶然作六首（其三）》可以窥得一二：

> 日夕见太行，沉吟未能去。
> 问君何以然，世网婴我故。
> 小妹日成长，兄弟未有娶。
> 家贫禄既薄，储蓄非有素。

几回欲奋飞，踟蹰复相顾。

孙登长啸台，松竹有遗处。

相去讵几许，故人在中路。

爱染日已薄，禅寂日已固。

忽乎吾将行，宁俟岁云暮。

——《偶然作六首（其三）》

做一个无羁无绊、自由来去的隐士是读书人的远大理想。可是，如竹林七贤、孙登等高士，亦有凡人不可知的孤独惆怅。岁月忽已晚，道路阻且长，谁人能脱离红尘牵绊，独自置身世外桃源？

王维想像陶渊明一样隐居山林，亲近林泉，无奈家中负担太重，小妹和几个兄弟渐渐长大，已经到了谈婚论嫁的年龄。家中素常并没有多少积蓄，寡母含辛茹苦培养几个孩子长大很不容易。身为长子的他，迫切需要谋求薪俸以养家。他要孝敬母亲，尽长兄之责，维持家里的生计，供给弟弟们读书，还得为他们操持婚姻大事。

虽然这个时候他的大弟王缙已经考中进士，但还未被授予官位。母亲年龄大了，精力大不如前，家里的所有事情都倚仗王维考虑和安排。

为家人挡风遮雨，让生活安稳有序，是王维当前首要责任。

王维从济州回到故乡蒲州，在家里住了一段时间，便带着妻子北上到京城长安，希望觅得一官半职。然而，无情的现实令他失望。

四年多的光阴，物是人非事事休。岐王已于开元十四年（公元726年）四月十九日病逝，其他诸王也悄了声息。好在，已经是刑部尚书的韦抗并没有忘记王维这位好朋友。在尚书府，韦抗热情接待了昔日的知己好友，他们对酒当歌，赋诗唱和，好像回到旧年的光景。

王维向韦抗倾诉了自己的处境，韦抗非常理解好友的难处，荐举王维做一份掌事的差事。

岂料，天有不测风云，人有旦夕祸福，就在王维准备赴任之时，韦抗突发疾病，溘然长逝。

《新唐书·韦抗传》记载："它所辟举，如王维、王缙、崔殷等，皆一时选云。"一时之选乃指这一时期的优秀人才。

作为优秀人才被举荐的王维，由于韦抗的离世，并没有留到京城做掌事一职，而被安置到淇上（今河南北部淇县一带），一个偏僻之所做一个小官。

好友的突然故去让王维沉浸在无法自拔的悲痛之中，再次被外放更是雪上加霜，他的心情沮丧到极点。开元十五年（公元727年）春，二十七岁的王维离开京城这个伤心之地，到淇上赴任。

心情郁闷的王维，听闻房琯被任命为卢氏县令，决定先到卢氏拜访房琯，再奔赴淇上。

房琯是武周时期正谏大夫房融的长子，得益于家族的恩荫，使他有幸成为弘文馆三十八名贵族少年子弟之一。房琯少年勤奋，风仪俊美，无贵族子弟之陋习，且生性淡泊，成年后曾避开喧嚣，隐居在陆浑山潜心读书数年。物以类聚，人以群分，这般性情，和王维自然合拍。两人在长安时私交甚好。看到风尘仆仆的王维一行，房琯大喜过望，连忙在府衙置酒款待。

呦呦鹿鸣，食野之苹。我有嘉宾，鼓瑟吹笙。虽然一别数年，两人之间的友情并未生分。他们推心置腹，彻夜长谈。

此后几天，房琯带着王维到卢氏县各处游历，但见乡野屋舍整齐，绿树成荫，田间小路交错相通，鸡鸣狗叫处处可闻。农人在田野里来来往往耕种劳作，安居乐业，自得其乐。王维非常羡慕这种生活，希望成为他们中的一员。同时，他也为房琯在卢氏取得的政绩而赞，于是，口占一绝，聊以相赠：

达人无不可，忘己爱苍生。岂复少十室，弦歌在两楹。
浮人日已归，但坐事农耕。桑榆郁相望，邑里多鸡鸣。
秋山一何净，苍翠临寒城。视事兼偃卧，对书不簪缨。
萧条人吏疏，鸟雀下空庭。鄙夫心所尚，晚节异平生。
将从海岳居，守静解天刑。或可累安邑，茅茨君试营。

——《赠房卢氏琯》

在卢氏县逗留数日后，王维告和房琯依依惜别，带着妻子崔小妹到淇水赴任。淇上地处偏僻，王维官微禄薄，公务不甚繁忙的他，开始了一种半仕半隐的生活。

屏居淇水上，东野旷无山。
日隐桑柘外，河明闾井间。

牧童望村去，猎犬随人还。

静者亦何事，荆扉乘昼关。

——《淇上田园即事》

这个远离喧嚣的小乡村，田野平旷，屋舍俨然，太阳从高大的桑树和柘树的枝叶缝隙中穿透过来，在地面上投下无数跳跃的光斑。清亮的溪水从村里街巷间潺潺流过，泛着一层层明亮的波光。黄昏时分，牧童骑在牛背上悠然地走在乡间的小路上，谁家的猎狗，紧紧跟在主人身后，踏着斜阳回家了。日出而作，日落而息的人们，早早关了荆扉，小村里幽静极了。这首作于淇上的小诗，描绘了乡村傍晚时分优美恬静的田园风光。屏居在淇水的王维，和妻子崔小妹的生活和心境，也似这般安然和恬静。

有情饮水饱，恩爱的两人厮守在一起，岁月安稳，妇唱夫随，何尝不是一种幸福和满足。

当然，若异乡遇知己，自另当别论。

相逢方一笑，相送还成泣。

祖帐已伤离，荒城复愁入。

天寒远山净，日暮长河急。

解缆君已遥，望君犹伫立。

——《淇上别赵仙舟》

孤寂的时候，有良友来访，多么令人雀跃欢欣。可是，相见时有怎样浓酽的喜悦，告别的时候，就有怎样浓郁的不舍和伤悲。

"相逢方一笑，相送还成泣。"在这首送别诗里，诗人把这种离愁别绪加以真实细致的描述，鞭辟入里，让读者顿有心怀相通，如同己出之感，遗憾的是，非自己笔力所能至。诗人一语道破之功力，实为精湛，不能不服。

行走在俗世间的你我，常常在心里憧憬着另一种生活，实际情况却总是事与愿违。

屏居在淇上的王维并没有故步自封，沉沦在一己天地里，两耳不闻窗外事。他多次上书，向朝廷陈述自己的政见，表达用世的要求，可是均没有得到答复。

他走出书斋，躬耕田垄，却没有遇到风调雨顺的好年头。

他远离京城，屏居在这偏僻小镇，没有机会参加朝廷举行的招贤纳士的盛会，却也不愿向豪门贵族阿谀奉承。

漂泊异乡的他，心里无时无刻不牵系着家人的平安，他的脚步却离家越来越远，远得只剩下欲说还休的思念。他希望以自己的才学济世致用，做出一番事业后功成身退，不愿一辈子庸庸碌碌，毫无建树。

此时，愤懑、幽怨、惆怅、思念、果决，所有心绪箭在弦上，不得不发，于是就有了这篇《不遇咏》的横空出世：

北阙献书寝不报，南山种田时不登。

百人会中身不预，五侯门前心不能。

身投河朔饮君酒，家在茂陵平安否？

且共登山复临水，莫问春风动杨柳。

今人作人多自私，我心不说君应知。

济人然后拂衣去，肯作徒尔一男儿！

——《不遇咏》

不遇，不得志，不被赏识。这首诗以第一人称的口吻，诗人的不幸遭遇和怀才不遇的愤慨及内心的痛苦、矛盾表现得淋漓尽致，全诗直抒胸臆，自然而有风骨。

在如此失意潦倒、栖迟零落的境遇下，诗人发铿锵之音，以高亢激昂的笔调，状强烈的用世之志，破胆选声，入云出渊。

更难得的是，世人于此诗的字里行间，见识到温文尔雅的诗人金刚怒目、风骨铮铮的另一面。

以诗会友，惺相惜知音所稀

春眠不觉晓，处处闻啼鸟。

夜来风雨声，花落知多少。

——孟浩然《春晓》

这首脍炙人口的《春晓》，从牙牙学语的孩童到耄耋之年的老人，无不张嘴就来，出口成诵。而这首诗的作者孟浩然，也是家喻户晓的大诗人。

孟浩然，湖北襄阳人，世称孟襄阳。和王维一样，同为盛唐山水田园派诗人的代表人物，两人并称"王孟"。

但凡诗人，在古时候大多是以诗会友，来结识更多同为诗人的朋友。王维和孟浩然便是在这样的际遇下相识的。

开元十六年（公元728年），王维带着家眷由淇上返回长安。因其诗名远扬，受到宰相张说的推重，被安排在集贤院任校书郎一职。虽然职位不高，终是靠近皇城权力机关一步，预示着可以结识更多高门士族，有更多的发展机遇可期可待。

张说，字道济、说之，唐朝著名政治家、文学家、诗人。垂拱四年（公元688年），武则天策试贤良方正，亲临洛阳城南门主考，张说应诏对策为天下第一，名噪京师。

元稹诗云："李杜诗篇敌，苏张笔力匀。"苏张指的就是燕国公张说与许国公苏颋。是时，他们二位文章显赫，声望齐名，一并获得"燕许大手笔"的美誉。

张说曾三次为相，执掌文坛近三十年，为初盛唐一代文宗，其"善用人之长，引天下知名士，以佐佑王化"。因之，他的身边文人墨客来往不绝。

秋日的一个傍晚，张说邀请王维到太学做客，王维如约而至。

走进大唐的最高学府，只见厅堂内高朋满座，众人言笑晏晏，一片欢乐祥和的气氛。说笑间，张说一脸喜色进来了，一个中年男子紧随他身后一同进来。男子身材颀长，骨貌淑清，风神散朗，众人起身叩见相国大人，然后齐齐看向中年男子，在心底暗暗赞叹。

张说向众人一一招呼后，热情介绍说："各位使君，今天我给大家带来一位新朋友，这位就是孟襄阳浩然诗人，此次进京应考，让我们有机会一睹才子风采。"

众人早就拜读过孟浩然的诗作，乍一相见，脑子里诗文的印象，和眼前诗人的风神两两契合，欣喜异常，一片欢呼声。孟浩然和众位宾客依次见礼，礼貌性地寒暄数语后，宾主落座。

诗人间的聚会，吟诗作赋当然是重头戏。适逢窗外新雨初霁，张说倡议以此为话题联句作诗，众人纷纷附和。

张说是主人，年龄最长，又是游戏的发起者，理应起头作诗，他吟："秋阴士多感，雨息夜无尘。"众人齐声喝彩。

孟浩然是今天的贵客，自然紧随其后，他并不推辞，淡淡道出："微云淡河汉，疏雨滴梧桐。"

微云、河汉、疏雨、梧桐，诗人举平常之物，由两个动词"淡""滴"巧妙地串联起来，创不平常之境。云，淡而有形；雨，疏而成滴。视觉与听觉交相呼应，勾勒出一幅静谧清幽的秋夜画面。

此句一出，满座皆惊，众人纷纷拍手称绝，无不被诗人巧妙的构思和精湛的诗艺折服，人人搁笔，笑称无以再继。

此联宛如天籁之音，清淡优美，非一般笔力所能抵达，代表了孟浩然的诗风。这两句诗，以《断句》形式，被载入《全唐诗》，传颂千年，与孟浩然其他优秀诗篇并驾齐驱，由此可见时人对此句的推崇。

王维非常欣赏孟浩然的才气，加之二人性格相近，诗风相近，王维又素来对朋友热忱有加，京城诗人之间，他和孟浩然来往最为密切，两人结为忘年之交。

许是久与世情疏，孟浩然在开元十七年春试中进士落第，分外沮丧。王维为好朋友科场失意倍感惋惜，常常嘘寒问暖，予以宽怀。

一日，孟浩然来到集贤院拜访王维，两人青梅煮酒，切磋诗艺，相谈甚欢，忽然下人来报：圣上驾到。

孟浩然万万没有想到在这里会撞见玄宗皇帝。唐朝律令，布衣身份，不能面见皇上。君威如虎，孟浩然心中大骇，双腿瘫软，不知所措，忽然看到集贤院为臣僚值班休息准备的木板床，忙匍匐身子，到床下躲避。

王维整理衣冠，恭迎圣驾。

玄宗皇帝坐定后，但见桌台上两副杯盏，遂问："王爱卿可有客人在此？"

王维不敢隐瞒，据实禀告。玄宗皇帝听后非但不生气，还豪爽大笑说："孟爱卿在吗，朕听说过他的诗名，恕他无罪，让他出来吧，朕今天也认识一下这位诗人。"

孟浩然无奈，只好从床下匍匐而出，帽顶上沾满尘土，衣服皱皱巴巴的他，一脸狼狈地俯伏在玄宗皇帝面前，叩拜圣驾。

玄宗皇帝没有计较，让他免礼平身，和气地说："朕听说你很有诗才，最近可有新作，吟两句朕听听。"

孟浩然在生平第一次经历如此大的场面，他身如筛糠，紧张至极。闻听玄宗皇帝说诗，才稍稍松了一口气。他略略整理一下衣袍，说："微臣有一首新诗，恳请圣上赐教。"遂不假思索，脱口而出：

北阙休上书，南山归敝庐。

不才明主弃，多病故人疏。

白发催年老，青阳逼岁除。

永怀愁不寐，松月夜窗虚。

——孟浩然《岁暮归南山》

这首诗是他落第后的抒怀之作。自诩"词赋亦颇工"的他，满怀"何当桂枝擢，归及柳条新"的热望，希望在春试中金榜题名，好给家族一个交代。不料却名落孙山，斯文扫地，免不了牢骚满腹，怨天尤人，颇有"怀才不被人识、良骥未遇伯乐"之慨而慷。

这些天他心中一直被这样的情绪左右，本没有顾虑太多。所以，诗人天真之心性，暴露得鞋底朝天，无遮无掩。

殊不知，这几句不知轻重的牢骚，全盘抛给皇帝，一石激起千层浪。

千载难逢的机遇，顷刻间变成千年不遇的麻烦。

玄宗皇帝何许人，他雅爱诗文，知晓音律，怎听不出诗中的况味。唐玄宗素以招贤纳士、求贤若渴自居，孟浩然这首诗吟得实在不合时宜。

一脸铁青的他，龙颜大怒，打断孟浩然的吟诵，大声斥责道："卿不求仕，而朕未尝弃卿，奈何诬我？"

王维忙上前解释："皇上息怒，卑职罪过，适才让孟兄饮酒过度，多有失言，恳请吾皇赎罪！"

唐玄宗大手一挥："王爱卿，不必请罪，非关你事。来人，起驾回宫！"

玄宗皇帝拂袖而去。王维趋步送驾。

孟浩然呆呆地立在原地，虚汗不止。

"孟兄那么多好诗不吟，何以拿这首诗来责怪皇上的为人？"望着一脸沮丧的孟浩然，王维欲言又止。

得罪了皇上即得罪了官场。孟浩然此时才幡然警醒，后悔莫及，自己是怎样错失良机，把自己逼进死胡同。

无奈，吟出的诗，覆水难收。

孟浩然在长安待不下去了，便决定离开京师，回襄阳老家再做打算。

王维依依不舍地送别孟浩然，在灞桥之上，他望着好朋友一夜愁白的双鬓，吟诗一首，为好友宽怀：

杜门不复出，久与世情疏。

以此为良策，劝君归旧庐。

醉歌田舍酒，笑读古人书。

好是一生事，无劳献子虚。

——《送孟六归襄阳》

作为知心朋友，王维设身处地，直言相劝："仕途乖舛，孟兄乃性情中人，率直真诚本天性，孟兄不必为落第而忧伤，亦不必为碰壁而烦恼。不如归耕田园，醉歌田舍酒，笑读古人书，一生坐拥林泉，安怡自乐，何不快哉？"

孟浩然感谢王维的一片诚意，他回想这一年来在长安的经历，百感交集，作诗酬答：

> 寂寂竟何待，朝朝空自归。
>
> 欲寻芳草去，惜与故人违。
>
> 当路谁相假，知音世所稀。
>
> 只应守寂寞，还掩故园扉。

——孟浩然《留别王维》

个中滋味，只有个中人才郁郁其中，谙悉其味。

而立之年，丧偶失子断肝肠

我们经历世事的突如其来，还有好运和磨难，且毫无防备地被生生嵌入角色，挣扎不脱。

所谓生活，就是生下来，活下去。

开元十八年（公元730年），时任尚书左丞相、集贤院学士的张说染上重疾。玄宗皇帝关怀备至，御赐药方，且每日都遣中使前去探望。可是，即便如此，依旧于事无补。十二月，张说病卒。玄宗以御笔神道碑文，为这位重臣的一生画下辉煌的句号。

病榻之上，张说屡次向皇上上书推荐张九龄做集贤院学士。开元十九年三月，玄宗皇帝召桂州都督任上的张九龄入京，擢秘书少监，兼集贤院学士副知院事。

张九龄和王维未会面之前，早已于诗文中引为知音，这次有缘成为上下级关系，自然一见如故，莫逆于心，相与为友。他们常常一起清溪泛舟，竹窗夜话，把酒问月，诗酒唱和。这是自孟浩然归去之后，王维难得拥有的一段开心日子。

奈何，对于无常的人生来言，欢乐何其短暂。不久，张九龄因为母亲病故，辞官回乡"丁忧"。

《尔雅·释诂》记载："丁，当也。"也就是遭逢、遇到的意思。"忧，居丧也。"自汉朝始，就有"丁忧"制度延续下来。百善孝为先，朝廷中的大小官员，自得知父母辞世的那一天起，必须返回祖籍守制二十七个月。"丁忧"作为一种习俗，一种伦理，一种制度，一种文化，在数千年以内根深蒂固。这是一项执行严格的制度，若匿而不报，一经查处，不仅要受到惩处，还要遭受世人唾弃。

推举王维的张说故去了，欣赏王维的张九龄回乡守制，好朋友孟浩然回襄阳了，校书郎任上的王维，做得索然无味。岂料，更大的不幸正在路上。

俗语说福不双至，祸不单行，用这句话来形容开元十九年的王维，简直再合适不过。

他和妻子崔小妹，原本天造地设的一对儿，婚后两人恩爱和睦，伉俪情深。

妻子知书明理，贤德善良，他没想到的，她都替他想到了，照顾王维，事无巨细。长嫂如母，她用心侍奉婆母，细致周到地照料一家老小的饮食起居。

王维也非常疼爱妻子，她还没做的事，他都提前为她做了，和她一起梳理账目，存储食物蔬菜，体贴入微。

王维和崔小妹，从初见时的惊鸿一瞥，到灵魂深处的相知，患难与共的相惜，柴米油盐的相伴，相濡以沫的默契。崔小妹，不仅是王维的红颜良伴，也是他得力的贤内助。

所以，即便王维仕途不顺，回到家来，和爱妻厮守一处，在妻子柔情的宽慰里，在妻子柔韧的支持里，所有烦恼霎时烟消云散，满腹愤懑一瞬抛掷天外。

良辰美景，如花美眷，两两相处的，皆是举世无双的好时光。

而今，妻子身怀六甲，即将临盆。即将为人父母的王维和崔小妹喜不自禁。王维希望有一个女儿，像妻子一样眸子晶亮，神采动人。崔小妹则在心里暗暗祈祷，祈求上天恩惠，让她生个儿子，如夫君一般儒雅俊逸，温润如玉。

王维的母亲最为欢欣："入我王家门，皆是好儿孙。无论孙子孙女，都是太原王氏的后人，都是佛祖赐予王家的恩惠，我都满意和喜欢。"全家沉浸在一片美好的憧憬之中。

倒是王维，妻子的临产期越来越近，不知为何，他的心里莫名地紧张起来，近乎恐惧的紧张。这紧张不是没有缘由的，都说生孩子是走一趟鬼门关，他担心柔弱的妻子，能否经得起这场大难。

这一天，终于在全家的翘首期盼中来临。

但是，等来的却是噩耗。在那个医学极其不发达的年代，崔小妹难产，血流如注，死里求生。王维和弟弟们飞马找来长安最好的医官，乞求他们以回春妙手，保母子平安。

然而，终是回天无术。崔小妹，以及刚出生的孩子，俱没有躲过此劫。

王维的天，再一次塌陷。

九岁那年，父亲突发疾病。他，成为一个再也见不到父亲的孩子。

时隔二十一载，爱妻和孩子双双离他而去。三十岁的他，成为一个再也见不到妻子的丈夫，一个再也见不到孩子的父亲。

世事无常，猝不及防。一天前，他还与爱妻柔情蜜意，笑语晏晏。转眼间，阴阳暌隔，碧落黄泉。千呼万唤，唤不来她的一息生机。

这世间，什么样的悲苦，能比此更悲更苦，让他肝肠寸断，痛不欲生。

绿兮衣兮，绿衣黄里。心之忧矣，曷维其已！

绿兮衣兮，绿衣黄裳。心之忧矣，曷维其亡！

绿兮丝兮，女所治兮。我思古人，俾无訧兮！

絺兮绤兮，凄其以风。我思古人，实获我心！

——《诗经·绿衣》

你在时，你是一切。你去时，一切是你。

王维抚摸着妻子亲手为自己缝制的衣物，感受着她昔日的温存。

恍然间，眼前浮现出那些安静的夜晚：如豆灯下，妻子崔小妹正手捋丝线，一针一线地为他赶制寒衣。她乌黑的眸子，油亮的缕缕青丝，在灯光下，仿佛跃动着羽衣霓裳的青春。她十指如葱，挑动着五彩丝线，仿佛挑动着琴瑟和谐的华年。

今夜的王维，睹物思人，思念在丝丝缕缕中纠缠。无月的天空，灯光明明灭灭，投射在襟袖上的光亮，每一点、每一处的折痕，都让他触到爱妻的气息，他仿佛看见了她丹凤的眼，她柳叶的眉，桃红的笑意，又依稀看见了她再难重来的巧笑倩目和她临风起舞的妙曼影子。

真真切切，点点滴滴，都是她留给他永远难以磨灭的无言情意。

一起厮守数光阴的时候，他并不知道与她生离的感受，就像他们在欢乐的时候，亦不会知道这样的痛苦正蹑步蛇行。他不知道，一别竟是永不见。

夜冷清，独饮千言万语。灯欲尽，深锁千愁万绪。

他告诉自己，她去了，再不能回来了。可不能抑制的是，触目所及，门里门外，满满都是她。衣上针线诗里字，密密麻麻，影影绰绰。

可如今，她与他，隔着尘世，隔着山陵，隔着江河，隔着惦记，欲渡无舟楫。他受伤的心血泪斑斑，难以愈合。天长地久有时尽，此恨绵绵无绝期。死生契阔，还与谁说！

沉浸在悲痛里的王维无法自拔，不思茶饭，形销骨立。

望着一日日憔悴的儿子，母亲回想起二十一年前，有着同样境遇的自己。痛惜儿媳的她，亦心疼儿子，她掩却心底莫大的悲切，为她的维儿宽心："维儿，你知道，当年为什么你父亲和我为你起名摩诘吗？"

王维含泪点头。母亲将当年的心境说与儿子听。岁月荏苒，痛彻肺腑的她，不是就这样一步一步挺过来了吗？

人生是难的，但并不意味着要逢难而退，放弃一切。

末了，母亲将儿子带进佛堂，带着他一起吟诵《维摩诘经》：

观于无常，而不厌善本；观世间苦，而不恶生死；观于无我，而诲人不倦；观于寂灭，而不永寂灭；观于远离，而身心修善；观无所归，而归趣善法；观于无生，生法荷负一切；观于无漏，而不断诸漏；观无所行，而以行法教化众生；观于空无，而不舍大悲；观正法位，而不随小乘；观诸法虚妄，无牢无人，无主无相，本愿未满，而不虚福德禅定智慧。修如此法，是名菩萨不住无为。

母亲说："众生皆苦，心无惊怖，则安稳常在。维摩诘是佛教里最有成就的在家居士，人间乐趣与禅的智慧，他尽收囊中。维儿，愿你能以禅的智慧，安身立命，化解俗世悲苦，这是我和你父亲最初的心愿。"

母亲的一席话，为王维打开心结。所谓禅，不过是清静寂定的心境，不过是超拔自己的智慧。

这个世界上有太多我们无能为力的事情，比如回不去的过去、无法预测的未来，以及那些再也不可能见到的人。既然无处可逃，不如接受。既然厌倦尘嚣，不如静心。既然难能如愿，不如释然。

纵然不顾惜自己，还得顾惜年逾古稀的母亲。王维深悉刚毅的母亲半世的含辛茹苦，他不能倒下，不能让历尽沧桑的母亲再为他担忧。

他犹记得爱妻弥留之际那声"夫君……珍重"，满眼都是不舍、爱怜和痛惜。

生而不易，那就用尽力气活着。活着，才是对逝者最好的追念。

他将爱妻崔小妹，一生一世，珍藏于心。

从此，王维屏绝尘累，三十年孤居一室。

除却巫山不是云。

辞官入蜀，秋水芙蕖倚风立

最好的放下，是选择释怀，一念之间，天宽地阔，万物安然。然而，这超脱的一念，亦是经历千般纠结，才终于走出的一念。

开元二十年（公元732年），为了早日走出丧妻失子的阴霾，三十一岁的王维辞去集贤院校书郎的官职，离开京城长安，开始巴蜀、荆襄、吴越之漫游。

他把妻子崔小妹当年赠送给他的，上面精心绣着他的诗句的丝绸帕子，放在贴身的口袋里。犹如妻子和他相随相伴，一起走遍山山水水，大江南北。

十年的婚姻，他们聚少离多，他亏欠妻子太多。这一次，他和爱妻崔小妹终于形影不离了。

第一程便是嵩山。是时，二弟王缙已经出仕，在河南登封县做县令，嵩山在登封境内，因之，王维在嵩山逗留了一段时间。

嵩山高而险峻，有《诗经·崧高》里"嵩高惟岳，峻极于天"为证。嵩山以石奇、水秀、云诡、树美著称。有七十二峰，东为太室山，西为少室山，其主峰气势磅礴，犹如横卧之龙。临峰远眺，向北可瞰黄河、洛水之雄，向南可揽颍水、箕山之秀。其东通郑汴两州，西邻洛阳，是西京洛阳的重要屏障，素为京畿之地。天册万岁元年（公元695年），武则天封禅嵩山为神岳。

嵩山是佛教禅宗的发源地和道教圣地，积淀着深厚的文化底蕴，隐士高人大多隐居在此。王维寄情山林，在这里读书作诗，逍遥忘世。这首《归嵩山作》正是彼时心情的映照：

清川带长薄，车马去闲闲。

流水如有意，暮禽相与还。

荒城临古渡，落日满秋山。

迢递嵩高下，归来且闭关。

——《归嵩山作》

　　清澈的伊水，环绕着一丛丛杂花生树绵延而去，像怕惊扰了谁的遐思一般安静。诗人独自驾着车马，沿着溪水边徐徐穿行。夕阳西下，在潺潺的流水和暮归的鸟儿的陪伴下，诗人踏着斜阳还家。天色将晚，城池荒凉，古老的渡口旁，看不到归人。只有落日余晖点点，洒满幽静的秋山，留下满目满眼温暖的金黄。余晖渐次收拢，远处大大小小的山头伫立成一方宁静的水墨剪影。诗人回到嵩山脚下自己暂居的小屋，掩上门扉，谢绝尘俗，在自己的小天地里踱步岁月朝夕。

　　离开嵩山之后，王维一路向西，过咸阳，穿越秦岭、黄牛岭入蜀。

　　诗人自放自然，于深溪自语，于峰顶长啸，与天地同流，与万物共呼吸，浑然无我，乐以忘忧。

危径几万转，数里将三休。

回环见徒侣，隐映隔林丘。

飒飒松上雨，潺潺石中流。

静言深溪里，长啸高山头。

望见南山阳，白露霭悠悠。

青皋丽已净，绿树郁如浮。

曾是厌蒙密，旷然消人忧。

　　——《自大散以往，深林密竹，蹬道盘曲四五十里至黄牛岭，

见黄花川》

这首《自大散以往，深林密竹，蹬道盘曲四五十里至黄牛岭，见黄花川》正是途中所作。很奇怪王维为何以这么长的题目来作诗？不过，细思虑实属正常，才气纵横的王维，大笔如椽，提笔诗成，走到哪里写到哪里，想到哪里写到哪里。兴之所至，万般皆有可能，所以就有了这么一首特别加长题目的诗。

从诗题来看，王维入蜀的线路就特别明晰了：诗人由陕西西南的大散岭，穿越深林密竹，再沿着台阶蛇形而上四五十里，抵达黄牛岭，旋即看见景色宜人的黄花川。

言入黄花川，每逐清溪水。
随山将万转，趣途无百里。
声喧乱石中，色静深松里。
漾漾泛菱荇，澄澄映葭苇。
我心素已闲，清川澹如此。
请留盘石上，垂钓将已矣。

——王维《过青溪水作》

诗人为青葱如海的黄花川写诗，更为黄花川平静清澈的清溪水动情，他流连于斯，每每在黄花川畔徘徊驻留，追逐着清溪水，看它顺着山势千回万转，绵延百余里。

因了这一湾水色，山石松林显得更加静谧灵秀，蒹葭郁郁苍苍，菱藕荇菜摇曳生姿。清溪的闲静让诗人沉溺，清溪的淡泊让诗人远离尘世喧扰。

一切景语皆情语。外在的风景，其实是自己的心情。所谓的情语，不只是诗人向外的观察，更多的是向内的反省。

我心素已闲，清川澹如此。清溪素淡的天然景致，恰好契合了诗人淡泊的性情，静而不嚣，曲而可寻。此际，心境与物境融合为一，以至于诗人想做个安静的垂钓者，与清溪厮守终老。

似乎有那么一瞬，清溪中投射出妻子崔小妹的倩影，她素服青衫，柔顺温婉地站在那儿。水是眼波横，山是眉峰聚。

溪水潺湲，王维踏歌赋诗，如秋水芙蕖，倚风自笑。

景物会心处妙在无意相遭，即兴有感，这首《戏题盘石》疑是这样的呼之欲出：

可怜盘石临泉水，复有垂杨拂酒杯。

若道春风不解意，何因吹送落花来。

——《戏题盘石》

诗人独酌于山间盘石、泉流溪水之畔，有杨柳拂杯，春风送花。

唯美的图画和高雅的情趣，熔铸于一幅画面，空山无人，水流花开，自然之物各得其妙，短短四句，意味深长。

人人都说春风无情，吹去落花无数，而在王维眼里，却是春风有意送落花，为他留住春光，为他诗酒助兴。

自然景物的灵动应和，使小诗明媚跳跃，闪现着禅性的光辉。灵动如水，自然若风。

一路上，王维广交天下文士，迎来送往、唱和赠答的诗歌创作也不少，譬如这首《送崔五太守》：

长安厩吏来到门，朱文露网动行轩。
黄花县西九折坂，玉树宫南五丈原。
褒斜谷中不容幰，唯有白云当露冕。
子午山里杜鹃啼，嘉陵水头行客饭。
剑门忽断蜀川开，万井双流满眼来。
雾中远树刀州出，天际澄江巴字回。
使君年纪三十余，少年白皙专城居。
欲持画省郎官笔，回与临邛父老书。

——《送崔五太守》

这是一首送别诗，是一首非常特别的送别诗。诗人以诗寄予崔五，希望他能像司马相如那样，体察民情，为民言事。

这首诗的特别之处不在于"送"，而在于其非常突出的诗句结构。王维此诗善用地名，十六句中引用地名十一个，写崔五从长安到四川去做官，途经黄花县、九折坂、五丈原、褒斜谷、子午山、嘉陵江、剑门、双流、刀州、巴江、临邛。十一个地名，衔接自然，才气纵横，气象辉煌，丝毫没有堆砌之感，既诠释了王维对友人的关切，同时表明王维对这些地方的熟悉程度，一气呵成而含蓄蕴藉。

一路上边游边走，开元二十一年（公元733年），王维从成都顺嘉陵江南下，抵达渝州（今重庆）附近的巴峡，书《晓行巴峡》以纪行：

> 际晓投巴峡，余春忆帝京。
>
> 晴江一女浣，朝日众鸡鸣。
>
> 水国舟中市，山桥树杪行。
>
> 登高万井出，眺迥二流明。
>
> 人作殊方语，莺为故国声。
>
> 赖多山水趣，稍解别离情。
>
> ——《晓行巴峡》

虽佳景怡人，但身在异乡，难免有思乡之愁萦怀，尤其是耳边充斥着异乡方言，眼前是一幅幅陌生面孔，入耳的莺啼却是乡音的时候。

"人作殊方语，莺为故国声。"此一句，令千年以来的异乡异客心有戚戚，含泪共鸣。黄钟大吕之音，迥异铮铮细响。

即便是送别诗，在王维的笔下，亦思接千载、视通万里，浩浩荡荡地彰示着唐人宏阔伟丽的胸怀。

夏日，王维游历到荆襄，特意去拜访好友孟浩然。

看到王维来访，孟浩然大喜过望，和王维煮酒、品茶、博弈、谈诗、纵马襄阳城、夜宿鹿门山，并吟出新句"日暮马行疾，城荒人住稀"邀请朋友共赏。

我有一瓢酒，可以慰风尘。不惜歌者苦，但伤知音稀。遇到和自己相悦相惜的这一个几多难得。

王维敬仰孟浩然的才情，欣赏孟浩然为人处世的俊逸洒脱，欣然提笔，临摹一幅《襄阳孟公马上吟诗图》赠与朋友。画上的孟浩然："状颀而长，峭而瘦，衣白袍，靴帽重戴，乘款段马，一童总角，提书笈负琴而从。风仪落落，凛然如生。"孟浩然看后爽朗大笑，感谢知音的眷顾。

离开襄阳后，王维又到吴越一游。秋天，王维返回洛阳。

景以怡情，诗以疗伤。一路跋涉，一路放歌，王维卸去沉疴，心清气爽。

怀才得遇，诗献宰相张九龄

"圣代无隐者，英灵尽来归。"王维曾以此举为首，写诗送别好友綦毋潜落第还乡。意在政治清明的太平时代，有才能有作为的仁人志士不再归隐林泉，而是纷纷出山，为国效力。

王维这样鼓励和劝勉好友，他亦身体力行。尽管在仕途上历尽磨难，蹉跎十余年，他还是选择了积极入世。

开元二十一年（733年）五月，张九龄丁母忧结束，马上被唐玄宗召回长安，任命为检校中书侍郎，同年十二月，授中书令（宰相）兼修国史。

从弟弟王缙处得知这个好消息的王维兴奋不已。开元十九年，张九龄任秘书少监兼集贤院学士时，王维在集贤院校书郎任上，两人互为欣赏，同声相应，同气相求，关系极为融洽。张九龄这次擢升为宰相，无疑是王维求仕带来最大的福音。

王维以一首《上张令公》干谒宰相张九龄，请求汲引：

珥笔趋丹陛，垂珰上玉除。
步檐青琐闼，方幰画轮车。
市阅千金字，朝闻五色书。
致君光帝典，荐士满公车。
伏奏回金驾，横经重石渠。
从兹罢角牴，且复幸储胥。
天统知尧后，王章笑鲁初。
匈奴遥俯伏，汉相俨簪裾。
贾生非不遇，汲黯自堪疏。
学易思求我，言诗或起予。
当从大夫后，何惜隶人余。

——《上张令公》

开元时期，由于国力昌盛，整个社会形态呈现一种元气淋漓、充满青春活力的热情与想象，形成了激奋昂扬、朝气蓬勃、恢宏阔大的盛唐气象。这首诗正是基于这样的调子。

在诗中，王维赞扬了张九龄的政绩，历数张九龄罢角牴、护太子、留边帅、保良臣的功德，直抒胸臆地表达自己的敬慕，他愿追随贤相张九龄，和他一起建功树名，辅佐唐玄宗成为像尧舜那样雄才大略、富民强国的圣明君主，为社稷谋略，为苍生谋福。

王维的政治追求和张九龄不谋而合，这首诗和张九龄的诗文创作在精神诉求上一脉相承。张九龄《酬王履震游园林见贻》中有"中览霸王说，上徹明主恩"的诗句，《叙怀二首》中言"弱岁读群史，抗迹追古人。被褐有怀玉，佩印从负薪"。言为心声，诗人渴望建功立业、以身报国的济世襟怀昭然可见。

所谓士志于道，大抵如此。

开元二十一年秋，关中发生水灾，民困国乏，玄宗皇帝为减轻关中经济负担，带着满朝文武从长安迁至东都洛阳。

是年冬天，因为张九龄的赏识和提拔，王维擢升右拾遗，到洛阳赴任。

武则天垂拱元年设置拾遗，置左拾遗于门下省，右拾遗于中书省，职掌与左右补阙相同，位从八品上。拾遗是唐代的言官，取"发现官员遗漏"之意，以谏为职的官员称作谏官，又形象地被称作言官，但言官亦指监察官员，类似于谏议大夫、补阙、正言、司谏之类的官员，专挑皇帝的毛病，在唐朝的翰林院供职。

拾遗虽然职位不高，却是要职，"掌供奉讽谏，扈从乘舆。凡发令奉事有不便于时，不合于道，大则廷议，小则上封。若贤良之遗滞于下，忠孝之不闻于上，则条其事状而荐言之"。简而言之，拾遗可以参与"廷议"，批评朝政，谏诤皇帝，另有举贤荐才的职能。地位不是一般八品官员可比。

王维对这份差事很满意，他进思尽忠，勤于公务，积极进取。

这首《早朝》诗即是最好的印证：

> 皎洁明星高，苍茫远天曙。
>
> 槐雾暗不开，城鸦鸣稍去。
>
> 始闻高阁声，莫辨更衣处。
>
> 银烛已成行，金门俨驺驭。

——《早朝》

这首诗和《诗经·小雅·庭燎》有异曲同工之妙：

> 夜如何其？夜未央。庭燎之光。
>
> 君子至止，鸾声将将。
>
> 夜如何其？夜未艾。庭燎晰晰。
>
> 君子至止，鸾声哕哕。
>
> 夜如何其？夜乡晨。庭燎有辉。
>
> 君子至止，言观其旂。

——《诗经·小雅·庭燎》

在这两首诗中，勤于政务、工于国事的使君形象跃然纸上，令人肃然起敬。

子曰："为政以德，譬如北辰，居其所而众星共之。"说的是执政者以自己的道德修为来处理政事，就像北极星那样，自己居于一定的方位，而群星都会环绕在它的周围。有德才兼备的首领，就一定有勤政的君子来追随。

无疑，张九龄就是这样一颗神采奕奕、光芒四射的北极星。

张九龄是继张说之后，盛唐又一位直臣贤相和政治领袖，一位具有远见卓识、锐意革新的政治家。

他主理朝政后，对科举制度进行大力改革，改革考功郎掌贡举为礼部职掌，不遗余力地全力打造文人当政的政治局面，选拔官吏主张公正选才，量才使用。这些举措，为无数的寒门士子指明出路，因以文取士，以文选能而备受鼓舞，他们闭门苦读，希望能像张九龄一样，通过科举以文采见用，"朝为田舍郎，暮登天子堂"，出将入相，辅佐王化，实现"胸中万卷，致君尧舜"的治世理想。

为官清廉、刚正不阿的张九龄，不仅是一位才华横溢的诗人，还是一位实干家，针对当时的社会弊端，他倡导以"王道"替代"霸道"的从政之道，强调民生民本，反对穷兵黩武；主张轻刑罚，薄征徭，扶持农桑，选拔德才兼备之士为地方官吏。他的施政方针，缓解了社会矛盾，对巩固中央集权，维护"开元盛世"起了重要的作用，被后世誉为"开元之世清贞任宰相"三杰之一。

直言敢谏的他，对于玄宗的过错，从来都是及时指出，加以劝谏，规劝皇帝居安思危，整顿朝纲，从不因为玄宗对自己有知遇之恩就违背原则，隐瞒实情。

一次，玄宗皇帝生日，百官向皇帝祝寿，纷纷献上各种奇珍异宝，张九龄的礼物却别具一格，他恭恭敬敬地为皇帝献上敖夜写就的《千秋金鉴录》，洋洋洒洒五大卷，引经据典，畅谈古代兴废之道，劝谏玄宗吸取前车之鉴，勤于朝政，励精图治。

唐玄宗的宠妃武惠妃，预谋废太子李瑛，立自己的儿子李瑁为太子，玄宗皇帝心里亦有动摇。武惠妃怕张九龄从中作梗，命宦官牛贵儿游说九龄："有废必有兴，如果您帮忙，宰相就能做得长久。"九龄不为所动，愤怒地斥退牛贵儿，在玄宗面前据理力争，以隋文帝错废太子，终致失国的典故警示皇上，最终使太子的位置得以保全，从而平息了宫廷内乱，稳定了政局。

在漫长的中国封建社会中，身居宰相之高位者很多，但在政治与文化的造诣上均能达到一定高度的寥寥可数，张九龄是其中一位。

开元年间，张九龄的卓然不群，不仅仅因为他的才气，他的政绩，还有他独树一帜的"九龄风度"。

一身儒雅气息的张九龄，特别注重仪表，内外兼修。无论是居家、上朝，还是和朋友聚会、喝酒，他都衣冠整齐，举止泰然，走起路来步履矫健，眉宇之间飞扬着神采。

当时，大臣们都要带着笏板上朝，以随时记录皇上的旨意，或提前在上面写好向皇帝汇报的奏折，带至朝堂。文武大臣们往往是把笏板往腰里一别，鼓鼓囊囊地就匆匆上朝了。张九龄觉得如此装束有损斯文，便命人做了一个精致的护囊，把笏板装进护囊里，让仆人捧在手里跟在后面上朝，他只管衣带翩翩，仰首挺胸地走在前面。玄宗皇帝非常欣赏张相的做派，护囊很快成为一种时尚，但拥有时尚并不代表就可以以风度自处。

玄宗皇帝对张九龄的风度极为欣赏，即使玄宗后来听信谗言免了张九龄的宰相之职，心中仍念念不忘。每有大臣推荐人才，玄宗问的第一句话依然是："风度得如九龄否？"

张相的风度，在玄宗皇帝的心里，不只是他卓绝的才气和非凡的仪表，还有他正直的品质和忠义的节操。

一个人只有从内到外散发出高山仰止的迷人气质，才能穿越千古，铭刻青史。

一个人乐于接近的，往往是与他相似的人，抑或是他曾经的模样，或者是他想要成为的人。

王维上任不久，就以一首《献始兴公》，诗以言志，回报张九龄的知遇之恩：

> 宁栖野树林，宁饮涧水流。
>
> 不用坐梁肉，崎岖见王侯。
>
> 鄙哉匹夫节，布褐将白头。
>
> 任智诚则短，守任固其优。
>
> 侧闻大君子，安问党与雠。
>
> 所不卖公器，动为苍生谋。
>
> 贱子跪自陈：可为帐下不？
>
> 感激有公议，曲私非所求。
>
> ——《献始兴公》

王维说，我宁愿栖隐于山林，宁愿过着清贫淡泊的生活，也不愿为了追求荣华富贵而阿谀奉承王侯。即便做一介匹夫，一辈子布衣，也不愿失去做人的骨气和节操。我才疏学浅，愿固守仁义礼节于一生。卑职佩服您"动为苍生"的济世精神，敬仰您清廉守正，用人唯贤，不趋炎附势，不结党营私，心地坦荡，磊落光明的高尚品行。我愿在您手下供职，受您终生教诲。您若出于公正之心任用我，我非常感谢。我一定不会辜负您的厚望，成为像您一样讲气节、重操守，慷慨义气、刚正无私的人。

这首敬献给丞相张九龄的诗篇，不浮夸，不谄媚，写得直切明白，低回慷慨，是对老朋友一吐心里话，更是与精神知音的肝胆相照。

精神相投的人，不必讨好，无须逢迎，也无须刻意隐藏自己真实的情绪。彼此尊重，相互扶持，各自保持独立和自由。这，才是最佳的匹配。

卷五：亦仕亦隐，庙堂田园任为之

征蓬出塞，驱马射雕猎天骄

"良药苦口利于病，忠言逆耳利于行"，这句话人们常讲，道理也显而易见，但是，治病的苦药人多不喜欢吃，能始终如一地做到忠言尽听的，难之又难。

人非圣贤，被人劝诫、约束和阻止，总是不如被人恭敬、服从、奉迎让人乐于接受。普通人尚且如此，何况九五之尊的皇帝。

开元之治后期，承平日久，国家无事，唐玄宗渐渐丧失励精图治的斗志，他开始倦于理政，沉迷逸乐，疏远贤人。

身居宰相的张九龄仍不改初衷，他心系天下安危，为江山社稷尽忠尽责，直言敢谏，风骨凛然。而同僚李林甫，却口蜜腹剑，只投帝王一人所好。善音律、善机变、巧钻营的他，收买拉拢皇帝身边的宦官妃嫔打探虚实，对玄宗的心思举动了如指掌，每逢奏对竭力迎合圣意，因而受到玄宗皇帝的特别信任。

开元二十一年（733年），安禄山入朝奏事，甚为骄横，张九龄明察秋毫，断定安禄山是狼子野心，遂郑重地提醒皇上："乱幽州者，此胡人也，圣上一定要小心这个奸诈之徒。"玄宗皇帝却不以为意，认为天下太平，是张九龄自己多疑了。

不久，身为平卢将军的安禄山率军讨伐契丹，因恃勇轻进导致大败，被捉拿进京，按照朝廷典章执行死刑。张九龄请玄唐宗严肃军纪，依法惩办。唐玄宗却听从李林甫等的建议，放安禄山回到藩地，以示皇恩。最终养虎为患，为唐王朝自掘坟墓。

李林甫自己不学无术，因妒忌张九龄的学识、品行被皇帝重用，于是，巧舌如簧，推荐牛仙客担任六部尚书，仁宗皇帝欣然赞同。

公忠体国的张九龄义正词严地提出反对意见："我朝自开国至今，尚书之职只有德高望重者方可胜任。牛仙客乃边疆小吏，目不知书，突然被提拔到清要之位，恐遗羞朝廷。"

唐玄宗提出要给牛仙客加官晋爵，遭到张九龄的再次反驳："皇上，千万不可，充实仓库、厉行节约等军政事务，不过牛仙客本职工作，不足以论功，赏赐金帛即可。夫子言，惟名与器不可以假人。"唐玄宗无言以对。

不过，私下里还是觉得张九龄拂了他的面子，一脸黑青，很不痛快。

李林甫察言观色，暗中进言："牛仙客乃宰相之才，张九龄书生意气，不知大体。"一席话让唐玄宗龙颜大悦。

第二日，唐玄宗再次要封赐牛仙客爵位，张九龄仍坚持表示反对。

唐玄宗怒而拍案："牛仙客家世寒微，难道张卿身出名门吗？"

张九龄不卑不亢地答道："臣本岭南寒门，不如牛仙客之中原家世，然臣在中枢执政多年。牛仙客只是边疆小吏，如委以重任，恐难孚众望。"唐玄宗愤愤然拂袖而去。

退朝后，李林甫再次进言："只要有作为，何必满腹经纶。天子用人，有何不可？"唐玄宗当即下诏赐封牛仙客为陇西郡公。

开元二十四年，唐玄宗被李林甫的谗言所惑，裴耀卿和张九龄相继被免去知政事。同年十一月，牛仙客被任命为宰相，执掌门下省事务。牛仙客胆小怕事，唯唯诺诺，政务皆由李林甫做主。

次年四月，张九龄荐举的监察御史周子谅，上书弹劾牛仙客无宰相之才，因引用武则天称帝时的谶语"首尾三麟六十年，两角犊子恣狂颠，龙蛇相斗血成川"言及牛姓干政，将会导致龙蛇相斗，血流成河，触怒玄宗，被杖责身亡。李林甫借此机会打压异己。五月，张九龄坐"贡举非其人"，被贬为荆州长史。

张九龄成为开元年间最后一位杰出的宰相，大唐从此进入李林甫当政的黑暗时期。

张九龄不仅是盛唐文人的精神领袖，更以"一代文宗"的成就引领着山水诗的发展方向，对盛唐山水诗的繁荣有着直接的影响和推动。胡应麟《诗薮·内篇》卷二言："张子寿首创清澹之派，盛唐继起，孟浩然、王维、储光羲、常建、韦应物，本曲江之清淡而益以风神者也。"王维后期的山水田园诗以诗境空灵、空静见长，受其影响可见一斑。

张九龄被贬荆州之后，满朝文武但求自保，不敢为张九龄多说一句话。《资治通鉴》记载："九龄既得罪，自是朝廷之士，皆荣自保位，无复直言。"只有王维，不避权贵，不怕连累，写诗《寄荆州张丞相》，对恩师张九龄表达自己的感激、落寞之情：

> 所思竟何在，怅望深荆门。
> 举世无相识，终身思旧恩。
> 方将与农圃，艺植老丘园。
> 目尽南飞雁，何由寄一言。

——《寄荆州张丞相》

所思念的人在何方？山重水复疑无路，我只能满怀怅惘遥望荆门。

我苦读诗书，希望一展抱负，如若没有张丞相您的汲引，恐怕至今还籍籍无名，于他乡流落。您的提掣之恩，我莫能相忘。

您被贬荆州，我也想追随您，退出这污浊的官场，归隐林泉。

南飞的大雁，一行行振翅高飞，可否将我的愁绪传送于荆州的故人？

朝堂无同道，退朝知音稀。王维深情地遥望恩师所在的荆州，诗以寄怀。"举世无相识"写出与恩师分离后的巨大孤独感；"终身思旧恩"道出感恩报恩的真诚心怀。

朝廷失去贤相，王维失去知己。他虽每天和往日一样随朝奉驾，可形单影只，压抑不畅。国家的命运和个人的感怀交织在一起，怎不让他郁郁于中。

所以，同样是寄予恩师，这首诗和《献始兴公》一诗的格调大相径庭。

《献始兴公》一诗，格调高亢，志气昂扬，称颂张九龄反对结党营私和滥施爵赏的政治主张，体现了王维渴望有所作为的心情。如今，面对恩师罢相贬官，奸相李林甫一手遮天，忠良之士一个个受到排挤打击，朝政日趋黑暗的严酷现实，王维的远大理想随之破灭，昔日的风发意气消失殆尽。不愿同流合污的他，深感自己的无能为力。

张九龄收到王维的诗作后，感慨万千，遂回诗酬答王维：

荆门怜野雁，湘水断飞鸿。

知己如相忆，南湖一片风。

——张九龄《答王维》

诗中以"知己"相酬，遥遥呼应，可见王维在他心中的分量亦非一般。两人不仅仅是上下级关系，更是惺惺相惜的精神师友。

或许玄宗皇帝念旧，读到这两首诗后心有戚戚焉，加之欣赏王维做人的骨气和血性，作为贬官张九龄最亲近的党羽，王维并没有被削职降罪，而是被升任监察御史，到御史台供职。

开元二十五年（737）春，河西节度副使崔希逸大胜吐蕃，九月，唐玄宗命令三十六岁的王维以监察御史的身份，出塞赴凉州宣慰嘉奖守边将士。王维也乐于离开京都，避开李林甫等宵小之辈，他欣然领命。

古凉州，位于河西走廊东部，是古代丝绸之路上的重镇。其地域辽阔，美丽富饶，车马相交错，歌吹日纵横，素有"四凉古都，河西都会"的美称，是中西交通的咽喉，兵家必争之地。

凉州问边，王维的人生掀开了新的篇章。经过边塞烽烟的历练，王维的诗歌在"清新淡远、自然脱俗"之外，兼而又有慷慨悲壮、豪迈开阔之气象，跻身于伟大诗人的行列。

单车欲问边，属国过居延。

征蓬出汉塞，归雁入胡天。

大漠孤烟直，长河落日圆。

萧关逢候骑，都护在燕然。

——《使至塞上》

这首《使至塞上》写于入塞的途中，是王维边塞诗的代表作，是喜爱诗词的朋友们耳熟能详的诗句。在诗人的笔下，我们欣赏到了塞外征蓬、振翅飞雁、大漠孤烟、长河落日等奇特雄伟、画面壮美的边地风光。

尤其"大漠孤烟直，长河落日圆"一句，意境雄浑，壮观千古。远远望去，烽火台上燃起的浓烟滚滚而上，直冲云霄，峭拔且坚毅；横贯沙漠的黄河如九曲连环，奔腾不息；傍晚时分，一轮红日横亘在莽莽苍苍的沙海之上，浑圆而硕大，悲凉而雄浑。"大漠"和"孤烟"两个意象，在构图上表现为水平线和垂直线的相交，"长河"与"落日"，则是水平线和圆形的相切，画面感极强。

一个"圆"，一个"直"，再普通不过的两个字，却准确而形象地描摹出沙漠的景象，而且巧妙地将诗人孤寂、高昂、洒脱之情绪融入自然物象的描绘中，语调铿锵，气势有力，如两记重锤，直击身心，令人拍案叫绝，如临其境，如见奇观。

《红楼梦》第四十一回，曹雪芹曾借香菱之口，对此句大加赞许："'大漠孤烟直，长河落日圆'。想来烟如何直？日自然是圆的。这'直'字似无理，'圆'字似太俗。要说再找两个字换这两个，竟再找不出两个字来。这就是诗的好处，有口里说不出来的意思，想去却是逼真的；又似乎无理的，想去竟是有理有情的。"这段话鞭辟入里，道出王维诗句高超的艺术境界。

是时，担任凉州河西节度副使的崔希逸，是个才能卓越、文武兼备的忠勇之士，他对监察御史王维极其信任，因欣赏王维的才气和为人，上报朝廷，拜王维为河西节度幕府判官，亲自陪同他到各地巡察，慰问将士，了解军情，身临前线战场。

迎着边塞的猎猎劲风，王维全身心融入硝烟弥漫、烽火连天的军旅生活之中，这首《出塞作》反映的就是发生在边陲的一场惊心动魄的战事：

居延城外猎天骄，白草连山野火烧。
暮云空碛时驱马，秋日平原好射雕。
护羌校尉朝乘障，破虏将军夜渡辽。
玉靶角弓珠勒马，汉家将赐霍嫖姚。

——《出塞作》

经历就是阅历，丰富的阅历乃是灵感的源泉。因为来自亲身经历和实地感受，再加上王维深厚的辞赋功底，这首《出塞作》情景交融，意象突出，非常逼真地刻画出军情紧迫、敌军强悍；紧急调兵、激烈鏖战；勇猛击寇、凯旋荣归的全过程，气象雄浑，霸气矫勇，充满画面感，令世人感受到王维血液中与生俱来的激情。诗人血气方刚的英雄主义气概如钱塘江潮般滚滚而来，这正是巍巍盛唐纵横开阖、磅礴大气的胸襟气度的体现。

有什么样的胸襟，就有什么样的笔墨，这笔墨是从胸襟中来的。

十里一走马，五里一扬鞭。

都护军书至，匈奴围酒泉。

关山正飞雪，烽火断无烟。

——《陇西行》

这首用乐府旧题写就的《陇西行》，不写战斗的场景，不写输赢的结果，只是撷取军使在漫天飞雪中策马扬鞭投递军书这样一个小镜头，从侧面反应战斗的紧张和激烈。通过"一走马""一扬鞭""十里""五里"等短促有力的词句，塑造出极其鲜明而生动的形象，且适时妙用留白的手法，给读者预留空间去想象和补充。虽然军情十万火急，但从诗人的镇定和自信来看，必定胜券在握，旌旗高旋。全诗短促有力，一气呵成，言有尽而意无穷。

李氏父子马上夺江山，盛唐用兵频繁，因而边塞诗非常盛行。

王维的边塞诗充满了忘身报国、奋发向上的积极情绪，其昂扬的精神风貌和壮阔的襟怀抱负，在诗里一览无遗，体现出一种阳刚之大美。他善于抓住事物特点层层深入，流转，一气喷薄，若江海之浮天，看似不动声色，而声色俱在其中。

奉旨南下，恩师老友俱离散

人生最宝贵的财富，不是物质，也不是权势，而是流淌在血液中的激情，这是一个人最闪亮的背景。

边地生活紧张忙碌，身为监察御史的王维却并不在意。因为这里有诗，有友，有金戈铁马，有百万雄兵，还有大漠苍穹上的一轮红日和一池繁星。让已近不惑的王维兴致勃勃，精神焕发，这是令人振奋的事情。

远离是是非非、尔虞我诈的朝堂，王维逐渐适应了紧张有序、生龙活虎的军旅生活。

然而好景不长，开元二十七年（公元739年）五月，贪婪的李林甫将手臂伸向富庶繁华的凉州重镇，提出由自己兼任河西节度使，将崔希逸改任河南尹。诏令到达后，崔希逸赴河南任职。王维作《双黄鹄歌送别》，送别崔希逸：

天路来兮双黄鹄，云上飞兮水上宿，抚翼和鸣整羽族。

不得已，忽分飞，家在玉京朝紫微，主人临水送将归。

悲笳嘹唳垂舞衣，宾欲散兮复相依。

几往返兮极浦，尚徘徊兮落晖。

岸上火兮相迎，将夜入兮边城。

鞍马归兮佳人散，怅离忧兮独含情。

——《双黄鹄歌送别》

在这首赋体诗中，诗人以双黄鹄来比拟自己和崔希逸之间的深厚情谊，刻画了两人因不得已而分离，临水送别，恋恋不舍的场景。送别场面之隆重，更加衬托出道别的人怅惘之深，情感之挚。

依依惜别之际，崔希逸向王维道出大败吐蕃的实情。崔希逸这位勇武仁厚的良将，任河西节度使一职后，因体恤百姓，不希望战火频繁殃及西北边民耕种放牧，曾和吐蕃边帅乞力徐订立盟约，双方撤离守备，令两地的百姓自由贸易，友好相处。

崔希逸为一方百姓所虑，为边陲的和平所想，他的做法无可厚非。

岂料，他的手下孙诲利欲熏心，一心想邀功受赏，在入朝觐见唐玄宗时，妄自建议趁吐蕃不备发兵围剿。被蒙蔽的玄宗皇帝遂下旨向吐蕃发兵。于是，在吐蕃毫无防备之下，唐朝大军所向披靡，杀伤无数，乞力徐逃归本国。两国关系从此恶化，战乱频仍。

因失信于乞力徐，崔希逸始终心怀愧疚。回河南不久，即郁郁而终。

一个人的力量何其有限，纵心中的期望如虹彩般美好，终究敌不过权欲的魔掌，敌不过一双泯灭良知的黑手，王维深以为憾。

秋天，王维自河西返回长安，仍任监察御史一职。

此时的唐玄宗，沉溺于歌舞升平，更加疏于朝政，奢靡无度。面对朝堂上固宠专权、一手遮天的李林甫，王维始终秉持清贵疏离之性情，不趋炎附势，不仰人鼻息，不降低自己、贬损自己。

由于王维凉州问边工作得力，边塞将士军纪严明，士气高涨，各项事务有条不紊，上奏的战报、谢表等公文措辞严谨，文采斐然，王维得到玄宗皇帝的嘉奖。开元二十八年（公元740），三十九岁的王维调知南选，以监察御史兼选补使的身份赴岭南、黔中等地补选官员。

知南选是唐朝的一种铨选制度。唐朝的官员选拔因地制宜，中原地区五品以上的官员，是由皇帝直接任命的。六品以下的官职，除员外郎、御史及供奉官外，分别由吏部和兵部，按照规定筛查合适的文武官员，给德才兼备者以任命，此举称为"铨选"。

岭南、桂州、黔府等少数民族居住的地方，因气候及地理、地貌等与中原地区不同，被派到这些地方任职的汉族官员，或是因为水土不服、生活习惯不同无法生活，或是因为风俗民情不同而难以服众。因而，唐朝采取了不同于中原地区的铨选政策。朝廷每隔四年，派遣正五品以上清正强明的官员，充任选补使，到当地广罗人才，然后由选使和所在的都督府，向朝廷报告被选拔之人的品行艺能及其所能承担的职务，由朝廷下诏任命。所以，这是一件非常严谨，极其慎重的事情，重任在身的王维带着使命上路了。

王维从长安出发，过蓝田、商洛、武关、内乡，到达南阳。在南阳龙兴寺，王维特意拜见了神会大师。神会大师是禅宗六祖惠能的晚期弟子，湖北襄阳人，是建立南宗的得力人物，他幼年从师学五经，继而研究老子、庄子，颇有造诣。自幼笃信佛教的王维带着敬仰之情和神会大师一起讨论佛法。

王维把心中的纠结坦诚相陈，诚挚请教神会大师：何为修道，何为解脱？

神会大师答："口说菩提，心无住处。口说涅槃，心唯寂灭。口说解脱，心无系缚。众生本自心静，若更欲起心有修，不可得解脱。"

神会指出，心静乃人的本性，任运自在，心无挂碍，才可以摆脱人世的烦恼牵绊，达到禅悟的目的。所谓心本是佛，佛本是心，有意识地去强求，为修道而修道，焉能称之为解脱？

此次相会，也即高手博弈。非凡之人，所遇非凡，棋逢对手，实乃人生快事。

王维与神会大师语经数日，反复参究，王维深服其旨，茅塞顿开，心胸朗然开阔。

神会大师也深为王维对佛理的悟性和纵横才气所折服，他恭请王维为入寂的慧能大师撰写碑文，以纪念先师的业绩即恩德，弘扬佛法。王维欣然接受，作《六祖能禅师碑铭》一文，流传千古：

无有可舍，是达有源；无空可住，是知空本。离寂非动，乘化用常，在百法而无得，周万物而不殆。鼓枻海师，不知菩提之行；

散花天女，能变声闻之身。则知法本不生，因心起见；见无可取，法则常如。世之至人有证于此，得无漏不尽漏，度有为非无为者，其惟我曹溪禅师乎！

五蕴本空，六尘非有，终生倒计，不知正受。莲花承足，杨枝生肘，苟离身心，孰为休咎？

至人达观，与佛齐功，无心舍有，何处依空！不著三界，徒劳八风，以兹利智，遂与宗通。

——《六祖能禅师碑铭》节选

这篇碑文洋洋洒洒，一气呵成，充溢着对六祖慧能大师无限的崇仰之情。文中运用大量的典故，来阐述惠能禅师悟性之超群，论法之高妙。同时，王维对五祖弘忍和六祖神会的佛法事迹也做了详细论说，有力地说明了六祖生平行化的事实。文笔庄重典雅，清秀精妙，深契佛理，妙悟佛性，耐人寻味。

六祖惠能大师是禅宗史上承前启后的代表人物，继王维之后，柳宗元、刘禹锡等先后为他撰写了墓志铭，颂扬他的生平业绩。其中犹以王维这篇《六祖能禅师碑铭》，最为后人推崇。

不能不说，"诗佛"王维，实至名归。

因为有令在身，不便久留，王维告别神会大师，乘船由汉江顺流而下，向襄阳出发。

汉江即汉水，流经陕西汉中、安康，湖北的十堰、襄阳、荆门、潜江、仙桃、孝感等地，到汉口流入长江。诗人泛舟江上，目之所及，江水流向天外般，茫无际涯。两岸青山在迷蒙水色中忽隐

忽现，时有时无。船只在水波中摇摇晃晃，远处襄阳城的城墙楼阁
及整座城池，犹如漂浮荡漾在水波中一般，梦幻幽邈，扣人心弦。

王维不禁诗兴大发，一首《汉江临泛》逐波而来：

楚塞三湘接，荆门九派通。

江流天地外，山色有无中。

郡邑浮前浦，波澜动远空。

襄阳好风日，留醉与山翁。

——《汉江临泛》

"山色有无中"一句颇受后代诗人好评。欧阳修《朝中措·平
山堂》中写："平山栏槛倚晴空，山色有无中。手种堂前垂柳，别
来几度春风？"是时，欧阳文忠公站在扬州平山堂的栏杆外登高望
远，江北一马平川，江南则青山隐隐，晴好时翠色万里，下雨时似
有若无，犹如一帧水墨丹青图，和王维笔下的景致如出一辙。钟爱
此句的文忠公，遂拿来一用。

王世贞赞曰："江流天地外，山色有无中，是诗家俊语，却入
画三昧。"

船过荆门，王维下船特意去拜访恩师张九龄，却得知张九龄因
在回乡祭祖途中突发疾病，已于五月七日在家乡韶州曲江去世，享
年六十八岁。闻此噩耗，王维犹如五雷轰顶，浑然不知所在。

自此，世上再不见"岭南第一人"张曲江，"九龄风度"只剩
下美好的传说。

"兰叶春葳蕤，桂华秋皎洁。欣欣此生意，自尔为佳节。谁知林栖者，闻风坐相悦。草木有本心，何求美人折。"王维吟咏着恩师留下的诗篇，眼前浮现出他凤仪俊朗的身影和他风趣高妙的笑谈，眼泪和着心酸滚滚而下。

带着遗憾和伤痛，王维准备到冶城南园与居于此地的好友孟浩然一聚。弹指之间，他与孟兄浩然已经分别八载有余。

不曾料到，在冶城迎接他的却是故友的一抔新坟。原来，孟浩然背上长了一个毒疮，医治数月，即将痊愈。可适逢老朋友王昌龄前来襄阳造访，两人相见甚欢，纵情宴饮。孟浩然舍命陪君子，不忌鱼鲜，结果背疽复发，一命归西，时年五十二岁。

天妒英才，飞来横祸，王维在好友的坟前以泪和墨，痛哭失声：

故人不可见，汉水日东流。
借问襄阳老，江山空蔡州。

——《哭孟浩然》

孟浩然《与诸子登岘山》一诗中曾有"人事有代谢，往来成古今。江山留胜迹，我辈复登临"的句子，王维记忆尤深，这首《哭孟浩然》正是心有戚戚，与之呼应。

情者，可贯金石，动鬼神，这正是这首悼念故友的小诗的动人之处。

离开襄阳，王维继续南行。十月，王维抵达桂州。他兢兢业业，与本地都督一起筹备铨选工作。三个月后，圆满完成选拔任务。次年二月，王维由桂州北归，返回京都。

而此时，长安的上空，盛世的光环渐渐弥散。密布的阴云，正一层层笼罩开来。

南山避世，胸中有丘壑烟霞

世人常常希冀岁月静好，然而，静好的不是岁月，而是心灵。

在老庄眼里，岁月静好的最高境界是"天人合一"，无外乎"与天和者，谓之天乐"。所以，相安于岁月，大抵是相安于一颗自由随性的内心。

开元后期，正值壮年的唐玄宗丧失曾经的昂扬斗志，不思进取，疏懒国事，朝廷大小事务都交由李林甫裁决。大权在握的李林甫更加肆无忌惮，独断专权，朝中凡是和他政见不合的官员，不是被他贬出京外，就是惨遭迫害，家破人亡。朝堂之上，群臣人人自危，不敢多言。

从桂州知南选回京的王维，对此状况忧虑之至，夙夜不寐，可缺乏政治手腕的他，又无能为力，他陷入深深的矛盾和纠结之中。

"人生而静，天之性也。"行不通处，只因执念挂怀，黏着而放不下。在不安的世界里，唯有放下执念，内心方能回归平和。禅，教人自度而已。忧心忡忡之际，他想起和神会大师讨论的佛法，似有所悟。

是时，玄宗皇帝忙于和宠爱的杨贵妃宴饮游乐，歌舞狂欢；李林甫忙着欺上瞒下，打击异己，朝堂上交付王维处理的政务少之又少。李唐王朝政治环境宽松，士人进退自如，于是，王维做出了自己的决定。

开元二十九年（公元741年），一个红叶烂漫、硕果累枝的秋日，王维在终南山北麓，香积寺的南侧，置办了一处别业。之后，他走出朝堂，开始坐拥林泉的隐居生活。

终南山西起昆仑，东衔嵩岳，钟灵毓秀，瑰丽奇伟，仿佛一座天然的锦绣画屏，矗立在京都长安的西南方向。终南山北麓，有四五十里的郊野，交通便利，土地肥沃。山上山下，草木繁盛，清溪涓涓，风景秀丽，气候宜人。这里寺庙聚集，香火旺盛，世外高人及长安的士大夫多在此修行参禅，是隐居的最佳之所。

在终南山上，王维和画家张谔、诗友裴迪、内弟崔兴宗来往最多。他们对山煮酒高歌，临水吟诗酬答，日子充实而自得。

《戏赠张五弟》三首，王维挥毫泼墨，对张谔安闲自在、洒脱超逸的仕隐状况予以描摹特写，字里行间满溢着由衷的赞赏与肯定。

吾弟东山时，心尚一何远。
日高犹自卧，钟动始能饭。
领上发未梳，妆头书不卷。
清川兴悠悠，空林对偃蹇。

青苔石上净，细草松下软。
窗外鸟声闲，阶前虎心善。
徒然万象多，澹尔太虚缅。
一知与物平，自顾为人浅。
对君忽自得，浮念不烦遣。

——《戏赠张五弟谭其一》

张弟五车书，读书仍隐居。
染翰过草圣，赋诗轻子虚。
闭门二室下，隐居十年余。
宛是野人野，时从渔夫渔。
秋风日萧索，五柳高且疏。
望此去人世，渡水向吾庐。
岁晏同携手，只应君与予。

——《戏赠张五弟谭其二》

设置守麀兔，垂钓伺游鳞。
此是安口腹，非关慕隐沦。
吾生好清净，蔬食去情尘。
今子方豪荡，思为鼎食人。
我家南山下，动息自遗身。
入鸟不相乱，见兽皆相亲。
云霞成伴侣，虚白侍衣巾。

141

何事须夫子，邀予谷口真。

——《戏赠张五弟弟诺其三》

张五弟即张诺，永嘉人，因在家族中排行第五，人称张五。张诺工诗兼能丹青草隶，曾隐居少室山下，闭门读书十余年，不及声利。

诗题为"戏赠"，足见两人友情深厚无间隙。因"戏"而为，诗人笔法洒脱，轻松愉快。

尘世再嘈杂，诗人的内心，一定是安宁、空静的。

诗中体现的是张诺纵情山水、自得其乐的田园隐居。其中，"日高犹自卧，钟动始能饭。领上发未梳，妆头书不卷"四句，突出表现了张诺的标新立异，不拘小节。而他不羁的外表下，包藏的却是一颗细腻敏感，对精神自由有着至高追求的纯净诗心。所以就有下联"青苔石上净，细草松下软。窗外鸟声闲，阶前虎心善"的天机清澈，胸次玲珑。

张诺学富五车，书画、诗赋皆超凡脱俗，出类拔萃，如此高士名流，却放弃人前显贵的机会，退隐山林，与世无争。这样的生活态度是王维无比向往，无比赞赏的，所以就有"岁晏同携手，只应君与予"的热切呼应。

诚然，和心灵息息相通的朋友一起，郊外捕猎，清溪垂钓，布衣蔬食，轻车简从，尽享烟火人生，林泉野趣，实乃人生乐事。

离尘嚣远一些，离自然就近一些。安静之人，内心自有一湾深邃的澄澈，如静水流深，张弛有度，知止而后定，定而后静，静而后安，安而后虑，虑而后得。

独自漫步在太乙峰岭上的王维，胸中有丘壑，笔底有烟霞。

太乙近天都，连山接海隅。

白云回望合，青霭入看无。

分野中峰变，阴晴众壑殊。

欲投人处宿，隔水问樵夫。

——《终南山》

这首《终南山》，后人有"意余于象""以少总多"的高评，作为诗人兼画家的王维，把画技和诗艺巧妙地糅合在诗里，造就超凡入圣、浑然天成的神韵，为偌大的一座终南山塑立一帧传神写照。

首联"太乙近天都，连山接海隅"，是诗人远眺终南山看到的远景，以夸张写真实，来表现终南山高耸入云、绵延万里的全貌，气势夺人，可以称得上山之"骨"。

颔联"白云回望合，青霭入看无"，描写的是终南山的近景。诗人向前走，白云缭绕，回头望，青霭迷蒙。万壑千岩，翠柏苍松，怪石清泉，花鸟草虫，山中所有一切，都笼罩于一派茫茫之中。云卷雾笼，蒙蒙漫漫，遥不可及。

"看山得三昧，尽此十字中。"此奇妙境界，人人有同感，却人人道不出，独有王维，仅用十个字，揭示如此真切，不能不为其高妙的诗艺而叹服。此一句，可谓山之"魂"。

颈联"分野中峰变，阴晴众壑殊"，写诗人驻足中峰，举目四望，纵横南北东西，四时阴阳。诗人以寸管之笔，画终南山千形万态，尺幅万里，描摹了山之"气"。

尾联"欲投人处宿，隔水问樵夫"一句，悠然落笔，使得终南山恍如隔世仙境的自然清冷中，一不小心曳进一丝烟火人家的温暖。

山旷人稀，此中有人，呼之欲出。以此收尾，泠然有声，则是这首诗的"意外之意"。

修心，也即养性。一种淡，淡在名利之外，淡在喧嚣之外，淡在风骨之中，淡在宁静内敛的心怀。

不知香积寺，数里入云峰。

古木无人径，深山何处钟。

泉声咽危石，日色冷青松。

薄暮空潭曲，安禅制毒龙。

——《过香积寺》

诗人到深山中寻找香积寺，山间的石径上寂静无人，只有诗人悠闲地走着。他一边欣赏山路两边的风景，一边寻访寺院的方向。

山径旁古木参天，遮天蔽日，群山杳杳，云雾弥漫。诗人越过一座又一座山，云深之处隐隐听到古寺的钟声，在林间萦绕回荡。

纵目望去，香积寺还在数里之外云雾缭绕的山峰之上。诗人的脚下，山涧的溪水曲折盘旋，迫于岩石的阻挡，流水在山石间清泠作响。落日的余晖，映照在漫山遍野的青松翠色之上，缘于山林幽暗，似有苍郁清凉之感。

日暮时分，长途跋涉的诗人终于抵达香积寺，他闭目静坐，抛却杂念，安详宁静的心境，如同香积寺前澄澈明净的碧潭。

这首《过香积寺》，洁净玄微，无声无色，幽微远邈，颇得山水田园之神韵。

历经山水濯洗，王维的诗越写越短，简而易懂。他试图在诗中淡化他的情感，而灵动的笔墨，却有意无意地暗合着内在底蕴，与自然融为一体，呈现出一种全然疏放的意识形态，溢于诗外。

中岁颇好道，晚家南山陲。

兴来每独往，胜事空自知。

行到水穷处，坐看云起时。

偶然值林叟，谈笑无还期。

——《终南别业》

因闲而散，有闲而逸，这首《终南别业》，记述的是诗人结庐于终南山边陲时，一次无心的遇合。

某一日，诗人独自在山中信步漫游，不知不觉就走到了水的尽头。于是索性就坐下来，专注地看山脊上团团的云朵自在悠闲地飘拂。或许，这水去了天上，变成云，云又变成雨，雨落山涧，脚下就又水流淙淙了。

所以说，何必绝望呢？一个人，兴之所至，出来走走看看，遇到快乐的事，停下来自我欣赏，自我陶醉一番。遇到有缘的人，就和他聊上几句，因为不急着去赶路，聊得忘记了时间是常有的事。

"行到水穷处，坐看云起时"一句最为深入人心，与《金刚经》"应无所住而生其心"有妙契之处。

人生的事，来往如梭，与其执迷苛求，何如清溪逐水，闲看蓝蓝天空白云朵。

誉满天下，辋川弹琴复长啸

古人迷信，帝王也不例外。喜好是人的软肋，常常，就有人投其所好。

公元742年，唐玄宗李隆基改元，是为天宝元年。

唐玄宗在位期间一共有三个年号，登基第一年的年号是先天，在第三年改为开元，二十九年后改年号为天宝。

据说，改元原因有三个：

其一，五十七岁的玄宗皇帝认为自己这一生功业已就，可以坐享成果了。

其二，他的同辈兄弟去世两人，为了避晦气。

其三，地方官吏给玄宗上了一个祥瑞，这是促成改元的直接原因。

李唐王朝自诩老君李耳后人，对道教极为推崇。陈王府参军田同秀为了讨好玄宗皇帝，上书奏报：他早上上朝的时候，看见太上老君突然降临在京城丹凤门的大街上，老君告诉田参军，他赐予玄宗皇帝一道灵符，埋在终南山楼观台祖师爷尹喜的故宅下边。唐玄宗听闻这个消息，不敢怠慢，即刻派人到函谷关挖取，果然找到了"灵符"。唐玄宗大喜过望，遂命人在显灵山建造玄元庙，每日香火供奉。田参军因之加官晋爵。

老君显圣，盛世太平。满朝文武以"函谷宝符，潜应年号；先天不违，请于尊号加'天宝'字"为由，联合上表，玄宗皇帝正式改元天宝。

天宝元年（公元742年）正月初一，唐玄宗大赦天下，他亲临勤政楼，接受文武百官的朝贺，为群臣加官封赏。皇恩浩荡，众位大臣长跪于阶前，高声回应"吾皇万岁，万万岁"，场面气势宏大，振聋发聩。

是时，王维出山向阙，由从七品下的殿中侍御史，擢升为从七品上的左补阙。

出身"奉儒守官"世家的王维，首先是一位执着的儒家信徒。儒家有"入世"之说，主张积极寻求实现自身社会价值的机会。从小熟读儒家经典的王维，虽志在泉林，仍胸怀廊庙，有着安邦济国的抱负。

左补阙隶属门下省，主要职责是对皇帝进行规劝，向皇帝举荐有才华的士人。官位虽然不高，却要经常随伴皇帝左右，参加政务活动，上朝的次数比较频繁，这首《春日直门下省早朝》描绘的是王维早朝夕拜的生活场景：

骑省直明光，鸡鸣谒建章。

遥闻侍中佩，暗识令君香。

玉漏随铜史，天书拜夕郎。

旌旗映阊阖，歌吹满昭阳。

官舍梅初紫，宫门柳欲黄。

愿将迟日意，同与圣恩长。

——《春日直门下省早朝》

诗章自小处着墨，写了诗人春日早朝黎明即起的辛苦、紧张与恭敬，体现出皇权的威严，皇宫的威仪，朝臣的恭谨。唐《仪制令》曰："凡京司文武职事九品已上，每朔、望朝参；其文武官五品以上，及监察御史、员外郎、太常博士，每日朝参。"如此来看，早朝对于王维而言，既是一种责任，更是一种荣耀。

阳春三月的长安，风和日丽，万象更新。为庆贺祥瑞盛世，唐玄宗李隆基在曲江大张盛宴，和王公贵族、朝廷大员游宴狂欢。

席间，侍驾以行的王维作《三月三日曲江侍宴应制》，再现君臣欢聚一堂的盛况：

万乘亲斋祭，千官喜豫游。奉迎从上苑，被禊向中流。

草树连容卫，山河对冕旒。画旗摇浦溆，春服满汀洲。

仙藜龙媒下，神皋凤跸留。从今亿万岁，天宝纪春秋。

——《三月三日曲江侍宴应制》

应制诗，是臣僚奉皇帝诏命所作、所和的诗，内容多为歌功颂德、娱帝王、颂升平、美风俗。

开元、天宝时期的王维，诗名远扬，拥有"天下文宗"的美誉，是当朝的重要诗人及核心人物，才气纵横，提笔诗成的他，应召作诗是常有的事。王维的应制诗，虽不及山水诗切近人意，但亦有很多可取之处。这些应制诗，因有极高的艺术水准做支撑，代表了唐代应制诗最高水平，反映了盛唐的时代风貌及当时盛行的帝都文化。

孔子云"邦有道则见，无道则隐"，这是古代仁人君子的为官原则。学而优则仕，是历朝历代文人的不懈追求。仕途不顺时求隐，或者在佛教中寻求解脱亦是寻常。因而，唐朝士子时归时就的行为在当时蔚然成风。

纵然身处喧嚣，王维的心中自有宁静。

蓝田县，位于秦岭北麓，在长安城东南方向约四十里处。自古以来，此地以盛产美玉著称。周礼有"玉之美者为蓝"，故得县名蓝田。顾名思义，蓝田县有着玉之晶亮和润泽，山雄水秀，川美岭阔，自然风景秀丽壮观。从蓝田县出发，往东南三十里，便是辋川。

辋川一带青山逶迤，峰峦叠嶂，奇花野藤遍布幽谷，瀑布与溪流触目可见，是秦岭北麓一条风光秀美的川道。

古时候，川水流过川内的欹湖，两岸山间同时又有数条清溪流向欹湖，由高山俯视下去，涟漪层层叠叠，状如车辋，水澈见底，因此称为"辋川"。

辋川素有"终南之秀钟蓝田，茁其英者为辋川"的美称，"辋川烟雨"居蓝田八景之冠，不仅有"秦楚之要冲，三辅之屏障"的地理优势，而且是达官贵人、文人骚客心驰神往的风景胜地。

武则天时代的名臣宋之问，因看好辋川的山水绝胜，以及别样的幽静安宁，且距离长安城不远，遂在辋川修筑一座依山傍水、情趣优雅的别墅，闲暇时候访仙问道，幽居于此。这首《蓝田山庄》描绘的就是他在蓝田辋川的悠游岁月。

宦游非吏隐，心事好幽偏。

考室先依地，为农且用天。

辋川朝伐木，蓝水暮浇田。

独与秦山老，相欢春酒前。

——宋之问《蓝田山庄》

宋之问死去之后，这栋别墅许久无人打理，杂草丛生，荒芜满地。常在山中寻道的王维，偶经辋川，一眼之念，心有所动。

天宝三载（公元744年），王维托人买下这座别馆，成为辋川新的主人。自此后，他穿梭于长安与辋川之间，过着半官半隐的生活。

可以这样说，宋之问赋予辋川以形胜，王维赋予辋川以灵性。

王维造就了蓝田辋川，蓝田辋川亦成就了王维，两两相得益彰。

在营建辋川别业的过程中，王维师法自然，融于自然，表现自然，顺应自然。他因地制宜，去芜理乱，园中所有布局，景致排列，其形与神，与天空大地、高山幽谷、花草树木等自然环境圆融相接，相辅相成。王维将诗词、禅理、绘画等非凡天分，巧妙地融合在造园艺术中，以恬静、淡泊、含蓄的艺术视角，迭石树峰，缘情造景，凿池引泉，达到移步换景、循序渐进、小中见大的观赏效果，创造出意境深远、简约朴素而留有余韵的园林形式。

进入辋川别业，山口的迎面是"孟城坳"。在山谷的低洼处，可以看到残存的古城痕迹，坳背山冈即"华子岗"，山势高峻，林木翁郁。"华子岗"对面有"辋口庄"，庄里房舍、亭台错落有致，沿溪而筑，景致幽深。

越过山冈，有高大的"文杏馆"，还有零星的几座山野茅庐。馆后是蜿蜒起伏的高大山岭，岭上修竹挺拔，谓之"斤竹岭"。

缘溪而行，有"木兰柴""茱萸片""宫槐陌"，在人迹稀少的山中深处，有林木幽深的"鹿柴"。依山而建的"北垞"，面临欹湖，山明水秀。

欹湖之畔建有"临湖亭"，沿湖堤岸上垂柳依依，倒影入清绮，逐吹散如丝，因之题名"柳浪"。再往前行，映入眼帘的是水流湍急的"栾家濑"。向南则折转山中，飘如飞花的"金屑泉"举目直见，山下谷地即"南垞"所在。缘溪下行，至入湖口处，清浅的"白石滩"一目了然，沿着山溪向上，就到了幽篁深密的"竹里馆"。

从"北垞"到"南垞""竹里馆"等处，一水之隔，浮舟渡之，水色山光，尽收眼底。

"竹里馆"附近有"辛夷坞""漆园""椒园"等处，因栽满一株株辛夷（紫玉兰）、漆树、花椒故得名。

经过精心布局，悉心打造，倾力营建，三十多里长的辋川，在王维的手中，被修葺成一个可耕、可牧、可樵、可渔的综合园林。王维亲笔画《辋川图》，图中山谷郁盘，云飞水动，意出尘外，怪生笔端，将辋川别业的神韵行云流水般地呈现于世人面前。

辋川因王维被天下所知所羡，成为千百年来文人雅士心之所向的桃花源。

一个明媚的春日，好朋友储光羲慕名而至，到蓝田辋川拜访好友王维。许是来得太早，王维早朝未归，等而不至，提笔成诗，这一首《蓝上茅茨期王维补阙》，意境幽美，清新可喜：

山中人不见，云去夕阳过。

浅濑寒鱼少，丛兰秋蝶多。

老年疏世事，幽性乐天和。

酒熟思才子，溪头望玉珂。

——储光羲《蓝上茅茨期王维补阙》

傍晚时分，翘首期盼的储光羲终于等来了王维。好友相见，万分惊喜。

好客的王维热情款待储光羲，留他在辋川盘桓数日。两人弹琴赋诗，对床畅叙，无比自在逍遥。储光羲对年长于自己，官居高位，诗名远扬的王维敬重有加。有感于王兄的盛情招待，非常感激，以诗相酬：

> 门生故来往，知欲命浮觞。
> 忽奉朝青阁，回车入上阳。
> 落花满春水，疏柳映新塘。
> 是日归来暮，劳君奏雅章。

——储光羲《答王十三维》

储光羲，润州延陵人，祖籍兖州，开元十四年（公元726年）进士及第，因仕途不得意，隐居在终南山别业。天宝六载，被任命为太祝。储光羲擅五言古诗，诗作多描写淳朴恬静的山水田园风光，以及农村生活场景，格高调逸，趣远情深，质朴之中，兼古雅之味，与王维、孟浩然风格相近。

王维非常看重储光羲的才华，欣赏他彬彬有礼的书卷气息，常常相邀储光羲到辋川游赏做客，《待储光羲不至》这首五言律诗，表达的就是两人之间最真切的往来：

> 重门朝已启，起坐听车声。
> 要欲闻清佩，方将出户迎。
> 晚钟鸣上苑，疏雨过春城。
> 了自不相顾，临堂空复情。

——《待储光羲不至》

与此前储光羲的等待不同，也许想急切见到好友，和好友分享自己的忽然所得，或是一腔心事，王维的等待略显急躁，期待之殷切，心情之焦虑，溢出字里行间。不过，依然是美的。每个人都有这样的等待时刻，这样急迫的心情，但不是每个人都能倾吐得这般诗心，这般深切。"晚钟鸣上苑，疏雨过春城。"倾听到诗人此处心声的我们，唯有一笑。恍然间，似乎耳畔响起悠扬的晚钟，和诗人一起，置身那场润物无声的小雨中。感同身受，惬意无比。

因事失约的储光羲，读到这首情深意切，待而不至的诗章以后，内心的歉疚可想而知，便快马加鞭，奔赴辋川。友情搅动诗情，汪洋恣肆，一发不可收拾，于是，就有了那么一组清骨灵心的《同王十三维偶然作》，整整齐齐的十首，以酬答好友的古道热肠。

做朋友做得长远，必定是爱好追求一致，兴趣性情相匹配的同一类人。譬如王维与储光羲。

月照空山，临风听蝉清妙人

有山，有水，有美景，悦目赏心。辋川这方清静的山水，不仅带给王维愉悦的心情，还赋予他诸多灵感。他的诗思一泻汪洋，笔底生花。

《山居秋暝》就是这么一首诗中有画、画中有诗、色韵清绝的佳篇，千百年来，它播撒下的空山雨后的秋凉和松间清泉上的月明，始终照彻世人心底：

> 空山新雨后，天气晚来秋。
> 明月松间照，清泉石上流。
> 竹喧归浣女，莲动下渔舟。
> 随意春芳歇，王孙自可留。
>
> ——《山居秋暝》

诗人沉醉于雨后空山的清新高洁，歆羡于山中人们的自在闲逸。他渴望留下来，尽情享用这返璞归真的山色野景。

佳境怡人，一定要和朋友共享，才会有不一样的收获。

受到王维的热情邀约，储光羲、卢象、丘丹、崔兴宗、钱起等诗友纷至沓来。

若有知音见采，何妨遍唱阳春。王维与这些性情相投的朋友一起游赏辋川，模山范水，作赋练诗，好不快乐逍遥。

众多酒朋诗侣中，和王维来往最为密切的是诗人裴迪。

裴迪，唐朝山水田园派诗人，是王维忠实的追随者，也是王维亲密无间的道友兼诗友。裴迪小王维十几岁，开元二十七年，他供事于荆州长史张九龄幕府。张九龄去世以后，裴迪返回长安，寓居在终南山，素与王维交好。王维得辋川之后，裴迪搬到他附近的小台暂居，常与王维同游。

在世人的认知里，诗人一向是倜傥风流、浪漫多情的代名词。

李白的结发妻子许氏去世之后，不久就续娶宰相宗楚客的孙女宗氏为妻。无可厚非，男人需要女人照顾，家有女人，才算一个完整的家。

同时代的崔颢，一首豪情奔放的《黄鹤楼》，令李白"眼前有景道不得，崔颢题诗在上头"，叹而搁笔，才子的名声不胫而走。世人爱之，崔颢身边莺歌燕舞，"娶妻惟择美者，俄又弃之，凡四五娶"。

挥泪为早逝的妻子写下"生为同室亲，死为同穴尘"的白居易，身边从来不乏"樱桃樊素口，杨柳小蛮腰"的窈窕女子。

在中国古代官场中，男人三妻四妾的现象比比皆是，世人早已司空见惯，习以为常。而在王维这里，却是个例外。

王维的妻子崔小妹不幸离世后，身系名门，仪表堂堂的他，往来于豪门府邸，毫无悬念地得到众多高门贵族女子的青睐。但他洁身自好，孤居一室三十年，不曾续娶。可最令人费解的是，王维未留下一首悲悼妻子的诗句。

或许，踽踽独行的三十载，王维在心一隅，始终妥帖安放着妻子崔小妹的音容笑貌，点点滴滴，还有他们相互厮守十年的恩爱甜蜜。他把这些过往默默珍藏，仿佛妻子伴他左右，从未离开半步。他带着她赏山悦水，参禅悟理，永远在一起。

因为深爱，王维愿以一生无言的沉默来坚守。即便煎熬，他也不愿煮茧抽丝，生生剥离。

这样的专一和情深令世人不无动容。

而他和裴迪之间的交情往来，同样让人欣羡和感动。

裴迪和王维一样笃信禅宗，友谊建立在相同的信仰之上，加之审美情趣一致，他们的灵魂就更接近一层，所以来去相从，契合无比。

某个夏日，王维相携裴迪一起到山中寻僧问道，他们持杖而行，攀山越岭，不辞辛苦。当然，亦收获不菲。两人不仅饱览了化感寺周围的水色山光、竹林松风、花香鸟鸣，还在寺院和昙兴上人一起谈经论道，讨论佛法。乃知眼底世界，禅机无处不在。行亦禅，坐亦禅，浮名何益，心净则不染世间尘埃，心寂则得人生大自在。

归途中，王维作《过化感寺昙兴上人山院》，诗以纪事，裴迪同题相和：

暮持筇竹杖，相待虎溪头。
催客闻山响，归房逐水流。
野花丛发好，谷鸟一声幽。
夜坐空林寂，松风直似秋。

——《过化感寺昙兴上人山院》

不远灞陵边，安居向十年。
入门穿竹径，留客听山泉。
鸟啭深林里，心闲落照前。

浮名竟何益，从此愿栖禅。

——裴迪《过化感寺昙兴上人山院》

看到想看到的，听到想听到的，得到想得到的。有好诗，有好友，有愉悦的清谈，有醍醐灌顶的明白，有相视的一笑，有你唱我和的默契。此等清妙，能有什么可比？

由于王维执着于佛理禅意，他的诗词多表现为一种空寂之境，寄兴于空山寂林，浸淫于一种孤独的快乐之中。他的诗情诗语，似淡而还浓，似近而愈远，可与知者道，难以俗人言。

没有人喜欢孤独，只是不喜欢失望而已。孤寂中的王维，渴望朋友的支持、理解和陪伴。两个同为孤独的个体之间的惺惺相惜，心照不宣，对王维来说尤为珍贵，他加倍珍惜。

不相见，不相见来久。

日日泉水头，常忆同携手。

携手本同心，复叹忽分襟。

相忆今如此，相思深不深。

——《赠裴迪》

这首《赠裴迪》直抒胸臆，寄托诗人对友人的思念，渴望和裴迪早日相见、携手同游的心情纤毫毕现。

一个景气和畅的冬日傍晚，王维独自在华子冈散步，走着走着，不知不觉就来到了裴迪的寓所前。他本想上前叩门，邀请裴迪出来一块儿散心，隔着纱帘，看见裴迪正在专心致志地温习经书，准备来年的应考，便没有上前叨扰。他自行到山中，随意在感配寺休息片刻，和寺中的主持一起吃完斋饭，便告辞离开了。

回到辋川别业，王维心有所念，倍感失落，遂洋洋洒洒，手书一封，托载运黄蘗的人出山带给好友裴迪：

近腊月下，景气和畅，故山殊可过。足下方温经，猥不敢相烦。辄便往山中，憩感配寺，与山僧饭讫而去。

北涉玄灞，清月映郭。夜登华子冈，辋水沦涟，与月上下。寒山远火，明灭林外。深巷寒犬，吠声如豹。村墟夜舂，复与疏钟相间。此时独坐，僮仆静默，多思曩昔，携手赋诗，步仄径，临清流也。

当待春中，草木蔓发，春山可望，轻鲦出水，白鸥矫翼，露湿青皋，麦陇朝雊，斯之不远，傥能从我游乎？非子天机清妙者，岂能以此不急之务相邀？然是中有深趣矣！无忽。因驮黄蘗人往，不一。山中人王维白。

——《山中与裴迪秀才书》

苏轼评王维"诗中有画，画中有诗"，王维的文中亦有诗画。这封书信，也可以说是王维以诗人的文笔、画家的构思谱写的一篇优美的写景散文，一首赞美田园风光和诠释友情的抒情诗篇。

在信中，诗人娓娓而谈，向裴迪讲述了自己在山中的时日，辋川秀丽的春色及冬景，如诗如画。月光下的辋水泛起层层涟漪，水面上的城郭隐约可见。山林深处的灯火，在黑暗无光处明明灭灭。深巷寒犬、村墟夜舂、山寺晚钟，更衬托出山庄晚间的寂静。而在这寂静中，诗人沉浸在昔日二人同游、临流赋诗的美好回忆中，禁不住心驰神往。

诗人设想，过不了多久，冬去春来，辋川草长莺飞的季节就要到来。那时候将是另一种奇景，一条条鲦鱼会轻快地跃出水面，白色的鸥鸟振翅冲天，晶莹的晨露打湿青色草地。在葱绿的麦田上空，五彩的雉鸡撒欢似的鸣叫，妙不可言。

良辰美景，如果没有一起赏阅的有心人，那一定是极其遗憾的事情。所以，王维诚挚地邀请裴迪，明年的春天到自己的别业做客，和他一起分享辋川的春日胜景。

裴迪接到信后，不敢怠慢，等不及春花烂漫，就欣然赴约。看到多日不见的友人，王维大喜过望，澎湃的诗情一触即发：

风景日夕佳，与君赋新诗。

澹然望远空，如意方支颐。

春风动百草，兰蕙生我篱。

暧暧日暖闺，田家来致词。

欣欣春还皋，淡淡水生陂。

桃李虽未开，荑萼满芳枝。

请君理还策，取告将农时。

——《赠裴十迪》

抑或是春风吹拂，惊醒沉睡的百草，唤醒诗人沉睡的诗心；抑或是万物复苏、欣欣向荣的春天带给诗人蓬勃生机；抑或是与志趣相投的朋友同游，振奋了士气。

置于此情此景的王维，恬适舒畅，意气风发。他远离官场的尔虞我诈、钩心斗角，情归大地，醉心自然，以娴熟雅致、活跃多姿的笔法，状田园美景，绘农家春色，亲切平易，意在言外。

从这些赠和诗篇可以看出，王维与"天机清妙人"裴迪极为亲近，亦父亦师亦友。因为发自内心的敬仰和追随，裴迪的诗风和王维十分相近。两人心性、兴趣互为欣赏，对自然之美、自然趣味皆有洞若观火的悟性。裴迪的诗歌以山水田园题材居多，《全唐诗》搜集有裴迪诗三十首，基本上都是与王维有关的赠答同咏之作。而在王维保存下来的四百多首诗篇中，和裴迪赠答与同咏的诗达三十首之多。

无论春夏，或是秋冬，时常，兴之所至，裴迪会撑着一只小船，荡荡悠悠，到辋川和王维相聚。

寒山转苍翠，秋水日潺湲。

倚杖柴门外，临风听暮蝉。

渡头余落日，墟里上孤烟。

复值接舆醉，狂歌五柳前。

——《辋川闲居赠裴秀才迪》

在柴门之外，王维和裴迪倚杖临风，听蝉鸣，看山寒水瘦、渡头落日，还有缥缈的墟里孤烟，山林晚景。两人从容的神态，安逸的闲情，仿若"采菊东篱下"的陶翁和"凤歌笑孔丘"的楚国狂士接舆在世。

有此佳景，更遇良朋，辋川之乐，乐在山水，乐在友情，乐在无穷。

卷六：屈任伪官，一场离乱的颠覆

塞北孤松，为君颜色高且闲

俗语讲：创业容易守业难。生于忧患，死于安乐。这个世界大抵如此，没有永远的赢家，兜兜转转，轮回上演着盛衰离合，浮世悲欢。

天宝三年（公元744年），好大喜功的唐玄宗，认为自己的丰功伟绩已经远远超越前代帝王，直追上古圣君唐尧虞舜之治。为炫耀"至化""淳风"，熟悉儒家经典的他，取《尔雅·释天》中"唐、虞曰载"的说法，下诏以载代年，改纪年为"天宝三载"。

可是，安逸中的唐玄宗早已不复当初的励精图治，开始追求极乐享受，他大兴土木，扩建豪华离宫，沉溺于无边风月，宠幸杨贵妃，寻欢作乐，挥霍无度，赏赐无节。

随着玄宗对杨玉环的重宠，杨门一族鸡犬升天，受到的宠遇水涨船高。杨贵妃的大姐、三姐、八姐分别被封为韩国夫人、虢国夫人和秦国夫人，她们并承恩泽，出入宫掖，势倾朝野，公主以下皆持礼相待。唐玄宗每年赏赐给她们的脂粉钱，就有千贯之多。

杨氏家族在京城构筑豪华宅第，互相攀比，每建一处，花费都在千万以上。每日凌晨时分，杨玉环的族弟杨国忠，就会带着杨家的豪华仪仗队，装束鲜艳地穿过长安城，耀武扬威地进宫面圣。他们手中的火把和宫灯，把路过的街巷照得如同白昼。

每年的十月，玄宗都要带着杨贵妃姐妹游幸骊山华清宫。杨门五家一并从幸，车马仆从绵延十余里，声焰震天，他们所经之处，沿途遗落的首饰珠宝不计其数，其奢侈程度无以复加。

唐玄宗把朝中政务悉数交于李林甫操持，边陲重任交付对他"忠心耿耿、貌似憨厚"的安禄山镇守。是时，安禄山兼任平卢节度使和范阳节度使，辖下兵力达九万之多，成为手握重兵的封疆大吏。因安禄山曲意奉迎，讨取唐玄宗和杨贵妃的欢心，玄宗频频传召安禄山入朝觐见，"宠待甚厚，谒见无时"，唐玄宗特赦他可以自由出入禁宫。巍巍盛唐竟堕落至君不君、臣不臣之地步。

唐玄宗自恃天下太平，府库充盈，终日沉迷于歌舞酒色，似乎觉得自己真的可以高枕无忧了。殊不知，喧嚣浮华的光鲜外表之下，大唐的光辉盛业早已日薄西山，危如累卵。

控制朝政大权的李林甫，为了专权固位，竭力阻塞言路。补阙官杜琎，曾向皇帝呈递奏折，劝谏皇帝用人要重文采，重人品，惹怒李林甫，遂被贬为下邽县令，并以此恐吓朝臣："君等独不见立仗马（作为仪仗的马）乎，终日无声而饫三品刍豆，一鸣则黜之矣。"满朝文武受其威胁，从此谏诤路绝，朝堂之上呈现的是一片唯唯诺诺的虚与委蛇。

李林甫为满足唐玄宗日益膨胀的奢侈挥霍，也为满足自己的贪欲，利用王铁等人大肆搜刮民财，增加百姓负担，并屡兴大狱，残害忠良，朝政日益混乱不堪。

对于这一切，王维看在眼里，愤愤不平却无力抗争。

置身于险恶官场的他，因为常常侍从护驾，有时不得不违心地敷衍应景。

> 天子幸新丰，旌旗渭水东。
> 寒山天仗外，温谷慢城中。
> 奠玉群仙座，焚香太乙宫。
> 出游逢牧马，罢猎见非熊。
> 上宰无为化，明时太古同。
> 灵芝三秀紫，陈粟万箱红。
> 王礼尊儒教，天兵小战功。
> 谋犹归哲匠，词赋属文宗。
> 司谏方无阙，陈诗且未工。
> 长吟吉甫颂，朝夕仰清风。
>
> ——《和仆射晋公扈从温汤》

这首《和仆射晋公扈从温汤》，就是王维扈从温汤，奉玄宗皇帝之命，酬和宰相李林甫的一首诗。或许李林甫在历史上名声太坏，他的原诗没有留存下来。

这首酬和诗，有人认为是王维对李林甫的曲意逢迎，但笔者不敢苟同。《和仆射晋公扈从温汤》是王维留下的唯一一首与李林甫的和诗，同为一朝之臣，官僚间的唱和，不过最为平常的事情。所以诗中有"陈诗且未工"之句，说明这首诗是王维奉旨所和，皇命难违，不过随手之作。如果王维势在巴结权贵，积极仕进，那么，他也不至于在从七品的左补阙官位上徘徊数年。

天宝四载（公元745年），四十五岁的王维迁为侍御史，从门下省转到兵部，从六品。

是年，王维奉唐玄宗之命出使北部边塞重地榆林、新秦二郡，督察边防工作。这是王维继古凉州的第二次出塞，第三次奉命出使。

开元二十五年（公元737年），王维凉州问边，正值盛世的大唐，造就了边塞将帅胸襟开阔、志向远大、忘身报国的英雄主义情怀。这情怀感染着三十六岁的王维，风华正茂，才气极盛的他，观军塞外，诗兴勃发，"大漠孤烟直，长河落日圆""草枯鹰眼疾，雪尽马蹄轻""十里一走马，五里一扬鞭"，声出金石，麾斥八级，气若江海之浮天。

此次出塞漠北，王维由长安出发，经坊州、富州、延州、绥州、银州，到麟州的新秦，尔后抵达胜州的榆林。一路上跋山涉水，风餐露宿。俗语说年龄不饶人，不惑之年的王维，在当时交通极不发达的情况下，再次历经这样的长途颠簸，可想而知，身心疲惫，极其辛苦。再加上对当时朝政混乱现象的不满，心情不畅，和问边凉州相比，王维的心境大为不同。

言为心声，从他途中的诗作可以略窥一二：

山头松柏林，山下泉声伤客心。

千里万里春草色，黄河东流流不息。

黄龙戍上游侠儿，愁逢汉使不相识。

——《榆林郡歌》

时值春天，榆林郡周围的山上松柏翠绿挺拔，山下泉水潺潺有声，广阔的原野上，草色青青，千里万里，黄河水滚滚东流，生生不息。这生机勃勃的春景并没有带给戍边的游侠少年多少欣喜。他们心中始终记得的是家乡的山川田园、小桥流水，家乡春天的景象，可是，归途漫漫，归期遥遥。在这荒无人烟、无人问津的漠北，离开家乡很久的他们，当初踌躇满志、保国戍边的铮铮誓言，早已消磨殆尽，如秋叶零落，不知所踪。

朝政日非，官场昏暗，有志之士心有愤懑，难以立足。王维抒发的是眼前的景，戍边游侠的落寞，又何尝不是自己心底的失落。

新秦郡一带山多，人稀，树少，风大，一片荒凉。所以，登上山峰的王维，蓦然看见对面峰岭上一棵姿态高洁，亭亭而立，扎根在岩石里的青松，不禁触景生情，自表心迹。

青青山上松，数里不见今更逢。

不见君，心相忆，此心向君君应识。

为君颜色高且闲，亭亭迥出浮云间。

——《新秦郡松树歌》

167

苍茫的高原之上，奇松危耸，恰如巨烛秉天，"为君颜色高且闲，亭亭迥出浮云间"，诗人仰视而叹之。它不畏风沙，闲淡高雅，寒暑不减其苍翠之色，荒旱难折其挺拔之姿。诗人在这棵松树身上，看到自己属意的自己。他不愿卑微屈膝于权贵，和李林甫之辈同流合污。他愿如这棵青松一样，"揖西山之白云，穷耳目之胜"，即便面临连山绝壑、风霜雪雨，依然不畏强权，傲然独立。

一年后，王维从榆林返回长安，他向朝廷交接差事，汇报了榆林、新秦两郡的边地状况后，重新回到辋川过着半仕半隐的生活。

不到东山向一年，归来才及种春田。
雨中草色绿堪染，水上桃花红欲然。
优娄比丘经论学，伛偻丈人乡里贤。
披衣倒屣且相见，相欢语笑衡门前。

——《辋川别业》

离开辋川将近一年的王维，回来时正好赶上春耕的农忙季节。只见雨中青绿的草色，像能透出水来一般，足可染物；水上红艳艳的桃花，开得热烈，似乎将要燃烧起来，十分迷人。诗人与乡间的农人邻居热情地打招呼，无论是僧人，还是隐居乡里的野老闲人，听说诗人回来了，都披衣倒屣赶来相见。他们在柴门之前开怀畅谈，把酒桑麻，分外相亲，俨然"相见无杂言，但道桑麻长"的场景。

回到辋川的王维，心境是安适自足的，富有情趣的，所以这首诗用词活泼而飞动，有声有色，笑语欢歌。乡里邻间的淳朴亲密，与人心不古、翻云覆雨的官场形成鲜明的对比，表述了诗人对乡间田园生活的热爱。

母丧丁忧，柴毁骨立孝子心

人世间最真挚的情感莫过于骨肉亲情，阖家团圆、亲朋欢聚、乐享天伦历来被世人视为人生最大的福祉。

对王维而言，命运似乎对他太过苛刻一些。他早岁丧父，少小离家，中年丧妻，膝下无子，长年漂泊在外，少有家室之乐。然而，王维并没有因此而疏离亲情，悲观厌世。身为太原王氏长子的他，敦亲睦邻，孝悌忠信，格外看重骨肉亲情。以他柔弱的双肩，挑起振兴家族的责任，尽心尽意地孝敬母亲，佑护年幼的弟弟妹妹无忧无虑地成长。

亲情和友情，是他生活中主要的精神寄托和心理慰藉。

王维的母亲崔老夫人，笃信佛教，曾师事高僧大照禅师，潜心奉佛三十余载。一身肃穆安详的她，长年穿着粗布衣衫，一日三餐蔬食清淡。她谨守三皈，奉行五戒，每日除了家务劳作之外，两个时辰的静坐参禅从不懈怠。母亲喜欢居住在山林里，以求寂静。

千万经典，孝义为先。羊有跪乳之恩，鸦有反哺之义。王维花平生心血在蓝田营建辋川山庄，其一就是实现母亲的心愿，在此山水胜处，为母亲建造一处远离尘世喧嚣的佛堂，佛堂附近有草堂精舍、竹林果园，幽静安谧，景色宜人，供母亲晨昏礼佛，修行静养；其二才是为自己亦官亦隐的生活所考虑。

辋川别业修建好以后，王维把母亲接到山庄居住，并安排两个善良心细的侍女服侍母亲的饮食起居，自己则早晚向母亲请安。闲暇的时候，王维会来到佛堂，手捧《维摩诘经》，陪着母亲一起参禅打坐，静默自省。

有亲情相伴，时光静好，岁月安宁。王维多么希望这样的日子再长一些，久一些，让自己在母亲的有生之年多尽孝道，出入扶持，朝夕伺候，来报答母亲的一世苦辛。

天宝九载（公元750年）正月，王母偶染风寒，卧病不起。王维衣不解带，日夜侍奉在母亲的病榻前。可是，任王维遍访京城名儒寻医问药，医官们认真地望闻问切，王维不离左右、细致入微地端茶送饭，侍奉母亲服药调治，王母的病情却丝毫未见好转。半月有余，她日渐消瘦，如不胜衣。

一日，王维为母亲喂服粥饭后，母亲拉他坐下："吾儿辛苦了，为母年已古稀，恐怕大限之日不久矣。生老病死，物理常情。黄土一抔，即是最好的归宿。方生方死，方死方生，死去乃是无限接近重生。所以，吾儿不必难过。"母亲停顿一会儿，轻舒一口气，接着缓缓说道："维儿，一切世间法，皆是佛法。放下执念，自度度人。诸事随缘，不必苛求。为母去后，你们兄弟五人要互为照看，谨慎行事。为人宽容，闲静少言，不慕荣利，但求一生平安遂随。"

王维感念母亲大人的通达明理，含泪点头。无论孩子多大，在母亲眼里，永远都是孩子，是母亲永远的牵挂。

二月的一个黄昏，王母恋恋不舍地望了望偎依在她身边的孩子
们最后一眼，安详地合上了双目。依照母亲嘱托，王维和弟弟们把
母亲葬于辋川南宅水色山光之处，并将父亲的衣冠冢和母亲合葬。
分别了三十载的恩爱夫妻，终于在另一个世界"团聚"。

夫子曾言：孩子三岁之前都是在父母的怀抱里长大的，所以孩
子长大成人后要回报父母，为他们守丧三年。这也是丁忧的来历。
丁忧期限三年，三年内孝子不得为官，不得参加吉庆之典。禁酒，
素餐，禁声色，吃、睡、住都在父母坟旁搭盖的小屋，即庐墓之
内，睡在草席之上，枕着砖块入眠。在封建社会，丁忧成为一种约
定俗成的伦理制度。

母亲过世后，王维解官去职，离开朝堂，屏居辋川丁母忧。在
丁忧的二十七个月里，王维闭门守孝，万念俱灰。"杜门不复出，
久与世情疏"，几与世隔绝。

独坐悲双鬓，空堂欲二更。

雨中山果落，灯下草虫鸣。

白发终难变，黄金不可成。

欲知除老病，唯有学无生。

——《秋夜独坐》

这个秋天的雨夜，诗人独坐在空寂的佛堂之上，陷入深深的忧
伤。母亲从前的坐榻前，依然是几本摊开的黄卷经书，却再也没有
母亲日日虔心静坐礼佛的身影。在镜中，他看到自己两鬓斑斑，感

受到岁月正在一点点地侵蚀他的肌体，还有他的心神。

窗外的雨一直未停，雨声淅淅沥沥，偶有山果扑扑落地的声音，打破夤夜的岑寂。而只是瞬间，万物又归于默然。秋意渐深，昏黄的灯影里，野外的秋虫亦潜进屋子的角落，旁若无人地发出嗤嗤的鸣叫。

人生百年，转眼成空。诗人懂得，没有什么可以称得上永恒，以至于长生。大自然是永生不灭的客观存在，而一切有生命的个体，终归有生有灭，各得其所。

人生实苦，生老病死是无法人为逆转的，只有潜心修佛，从心灵中清除七情六欲，才能消除病痛，以及患得患失之苦痛，得以灵魂相安。于静默思虑中，诗人谙习深刻的悟理。

茕茕孑立的时候，难免思绪万千。这一日，他诵经完毕，坐在案旁沉思，忽然看见一只脊背青灰的青雀轻盈地飞过，落在对面榕树的枝头。望着眼前这只青雀，昔日与卢象、崔兴宗、裴迪、弟弟王缙，以青雀为由，同题赋诗的情景历历在目，清晰如昨：

青雀翅羽短，未能远食玉山禾。

犹胜黄雀争上下，唧唧空仓复若何。

——《青雀歌》

动息自适性，不曾妄与燕雀群。

幸忝鹓鸾早相识，何时提携致青云。

——裴迪《青雀歌》

啾啾青雀儿，飞来飞去仰天池。

逍遥饮啄安涯分，何假扶摇九万为。

——卢象《青雀歌》

林间青雀儿，来往翩翩绕一枝。

莫言不解衔环报，但问君恩今若为。

——王缙《青雀歌》

青扈绕青林，翩翩陋体一微禽。

不应常在藩篱下，他日凌云谁见心。

——崔兴宗《青雀歌》

　　想来多么有趣，小小一只青雀，在不同的诗人笔下，被赋予不同的性情，咏为不同的诗篇，构思奇巧，各有千秋。所谓诗以言志，言为心声，诗友们吟诗对句，何尝不是借青雀一吐心声。他们眼里的青雀，何尝不是每个人心中的自己？

　　回忆往昔，王维的唇角漾起一丝浅浅的笑意。随之，又微微叹了口气。如今朋友四散，各奔东西，再也没有从前那样快乐的日子了。

　　窗外，夜凉如水，秋虫呢喃，窗台下那棵高大茂密的大槐树，在北风中枝叶乱颤，发出呜呜的响声。王维站起身来，随意翻看着书案上的诗稿，看到内弟崔兴宗的书信，不由得陷入沉思，提笔赋诗以记之：

夜静群动息，蟋蟀声悠悠。

庭槐北风响，日夕方高秋。

思子整羽翰，及时当云浮。

吾生将白首，岁晏思沧州。

高足在旦暮，肯为南亩俦。

——《秋夜独坐怀内弟崔兴宗》

"吾生将白首，岁晏思沧州。"一句所言的沧州，并非河北沧州，而是泛指临水之地，世间隐逸之士居住的地方。王维非常怀念两人之间真挚的友情交往，他为内弟崔兴宗即将出仕，一展凌云抱负而感慨。同时为自己老之将至，又失去一个可以一起隐居辋川的同伴而深深怅惘。

性情敦厚温和的王维，对朋友之情分外看重。

真正的友谊，从来不用想起，永远不会忘记。

王维在思念朋友们的时候，他的朋友们也并没有忘记王维。

秋日的一天，裴迪、储光羲、李颀、丘为等好友十分惦记这位重情谊、讲孝道的好友，担心他忧伤过度，特意相邀一起到辋川看望和问候丁忧的王维。

辋川还是那个辋川，山水还是那片山水，但昔日意气风发的主人却不复往日的神采。站在他们面前的王维，柴毁骨立，殆不胜丧。独居丁忧的王维，吃蔬菜斋食，不茹荤血，不衣文彩，过着苦行僧一般的生活。潜心向佛的王维，每日坐禅诵经，为母亲日夜祈祷，愿母亲的亡灵早日超度。

朋友们为王维的孝义而感慨，同时又为他的状况而忧心。

不过，王终是性情中人，看到好朋友来访，他疲惫憔悴的面容上终于绽露出久违的笑容。他赶忙打开荆扉，清扫房舍迎接故友，并端出在辋川采摘的新鲜蔬果，热情地招待远道而来的好友。

久未出门的他，舍内没有更丰盛的山珍佳肴，辋川的陈设也非常简单，但知音好友并不在意，不觉粗陋，不嫌寒酸。朋友们热情地向老友王维嘘寒问暖，用最诚恳的话语宽慰王维，劝诫他莫要沉溺于伤悲，折损身体。

朋友们带着王维走出书斋，到他亲自营建的辋川，看碧水蓝天、映日荷花、鸟雀群飞、日隐轻霞。他们告诉王维，大自然四时更替，生机盎然，一个人置身其中，视而不见，听而不闻，岂不是辜负了大好年华？

众位好友一番赤诚交心的劝勉，如温煦的和风，吹开王维幽闭的心扉。"放下执念，自度度人。"王维默念着母亲临终的嘱托，决定振奋精神。这就是《酬诸公见过》的写作背景：

嗟予未丧，哀此孤生。

屏居蓝田，薄地躬耕。

岁晏输税，以奉粢盛。

晨往东皋，草露未晞。

暮看烟火，负担来归。

我闻有客，足扫荆扉。

箪食伊何，儡瓜抓枣。

仰厕群贤，皤然一老。

愧无莞簟，班荆席藁。

泛泛登陂，折彼荷花。

静观素鲔，俯映白沙。

山鸟群飞，日隐轻霞。

登车上马，倏忽云散。

雀噪荒村，鸡鸣空馆。

还复幽独，重欷累叹。

——《酬诸公见过（时官未出，在辋川庄）》

王母去世后，守孝三年的王维未曾有诗怀念亡母，也未曾有悼念亡母的祭文或碑铭留下来。然，白昼之光，岂知夜色之深。爱之深沉，伤之刻骨，有一种痛，只能雪藏。世上存在着不能流泪的悲哀，这种悲哀无可与人倾诉。母亲和妻子，这两个牵系王维一生的女人，他愿把对她们的挚爱深深埋在心里，不言不语。

天宝十一载（公元752年）三月，五十一岁的王维丁忧期满，接受朝廷的召唤，拜礼部郎中，他不得不走出辋川，重返朝堂。

同年十一月，李林甫卒，玄宗任命杨贵妃的族兄杨国忠为相。杨国忠比之李林甫，更为奢侈腐化，祸乱朝政，但他没有李林甫的政治手腕，致使官吏贪渎，朝纲腐败，士林愤痛，天怒人怨。安禄山成为宰相的美梦破灭，与杨国忠及唐王朝的矛盾日益尖锐激烈，一触即发。

是时，被杨国忠制造的假象蒙蔽，放任朝政，日日夜夜沉迷于歌舞宴乐、醉生梦死的唐玄宗尚且不明，大唐的政治局势岌岌可危。

迎来送往，劝君更尽一杯酒

人生，历千劫，始成佛。丁忧之后的王维，终于让自己走出执念，走出慈母离世的阴影。

是时，和同僚及诗友诗酒唱和、迎来送往成为王维从政活动的主要内容。

王维和晁衡的莫逆之交，是中日文化交流史上不可忽略的一笔。

晁衡原名阿倍仲麻吕，开元五年（公元717年），未及弱冠的阿倍仲麻吕，跟随日本遣唐使来到中国留学。出身日本贵族家庭的他，天资聪敏，自幼勤奋好学，对汉文学有着独特的钟爱。他入唐后苦学礼记、周礼、礼仪、诗经、左传等传世经典，造诣深厚，出类拔萃，于开元年间摘取进士桂冠。

晁衡的学识、才华深得玄宗、肃宗、代宗三朝皇帝的赏识和厚遇，晁衡客居在唐朝的几十年，"名成太学，官至客卿"，历任司经局校书、左拾遗、左补阙、左散骑常侍、安南都护等职。晁衡同时又是一位谦逊温厚、感情丰富的天才诗人，和当代诗人名士均有密切的交集。

天宝十二载（公元753年），晁衡已留居华夏三十七载，因思念故土和亲人，向唐玄宗请辞回乡探亲。在他离职归国前夕，唐玄宗、王维、包佶等人都作诗赠别，王维这首《送秘书晁监还日本国》笔墨淋漓，饱含深情，读着让人怅然若失，又不无感动。

在这首诗的前面，王维郑重其情地书写了六百多字的序文，这在王维的诗篇中是比较罕见的。此篇序文热情地追溯了大唐时期中日友好往来的历史，称颂了晁衡的远见卓识和高尚品行，并描述了归途中可以预见的风浪，为好友行舟安全而担忧。

扶桑若荠，郁岛如萍。沃白日而簸三山，浮苍天而吞九域。黄雀之风动地，黑蜃之气成云。森不知其所之，何相思之可寄。嘻！去帝乡之故旧，谒本朝之君臣。咏七子之诗，佩两国之印。恢我王度，谕彼蕃臣。三寸犹在，乐毅辞燕而未老；十年在外，信陵归魏而逾尊。子其行乎！余赠言者。

序文的结尾处，王维希望晁衡把大唐之风华、大唐之恢宏气度传递给远方的友邦，希望晁衡回国后大有作为，并寄予好友深深的嘱托和祝福。

这首诗在这样深厚的背景下呼之欲出：

积水不可极，安知沧海东。
九州何处远，万里若乘空。
向国唯看日，归帆但信风。
鳌身映天黑，鱼眼射波红。

乡树扶桑外，主人孤岛中。

别离方异域，音信若为通。

——《送秘书晁监还日本国》

确实如王维担忧的那样，依靠当时的航海技术，横渡大海到日本去，无疑是一种极为冒险的事情。王维诗中描写的景象并不是危言耸听。是年十二月，晁衡乘坐的船只在琉球遭遇到特大风暴的袭击，他们乘坐的海船触礁后与其他船只失去联系，海船漂浮到越南驩州海岸附近，又不幸被海盗洗劫，九死一生。

天宝十三载秋，李白于传闻中得知晁衡船只在海上遇难，悲痛万分，挥泪作《哭晁卿衡》一诗：

日本晁卿辞帝都，征帆一片绕蓬壶。

明月不归沉碧海，白云愁色满苍梧。

——李白《哭晁卿衡》

虽然失事的消息纯属误传，但诗人表露的惨然之情溢于言表，诗中撕心裂肺的哀痛，撼动心扉，真实而感人。

天宝十四载（公元755年）六月，晁衡一行十余人历尽千难万险，再次返航京都长安。诸位好友见到仲麻吕万幸脱险，安全归来，为之惊喜万状。

回到长安的晁衡看到李白的提诗，百感交集，当即写下了著名的诗篇《望乡》，回赠李白：

卅年长安住，归不到蓬壶。

一片望乡情，尽付水天处。

魂兮归来了，感君痛苦吾。

我更为君哭，不得长安住。

——晁衡《望乡》

晁衡一生为唐效力，七十三岁卒于长安。

有唐一代，是处处洋溢着诗语芬芳的诗歌时代。唐人作诗，相互唱和，迎来送往，相聚别离，兴之所至，提笔就来。而王维的诗，音律谐美，温柔敦厚到了极致，譬如这首传唱千古的《渭城曲》：

渭城朝雨浥轻尘，客舍青青柳色新。

劝君更尽一杯酒，西出阳关无故人。

——《渭城曲》

《渭城曲》又名《送元二使安西》《阳关曲》或《阳关三叠》，这首诗词曲优美，饱含深挚的惜别之情。唐朝人在送别朋友时，经常唱咏这首诗。因诗句仅四句，且均为七言，唱起来略显单调，乐工们将诗句反复叠唱，谱词成曲，这就是"阳关三叠"的由来。《阳关三叠》成为自古至今流行最广、传唱最久的饯别名曲。

元二，因在同族兄弟中排行老二，人称元二，是王维的一个朋友，生平无考，因为王维的这首《送元二使安西》而千古留名。

安西都护府是大唐的一个军政机构，元二被皇上派遣到安西都护府戍守边塞。临行之际，王维尽朋友之谊，写诗赠别。这首饯别诗，取南朝沈约的"莫言一杯酒，明日难重持"一句，却毫无说教之气，伤别之情不言自喻。

"劝君更尽一杯酒，西出阳关无故人。"一句，于淡淡的别绪离愁中，洋溢着缱绻真诚的祝愿。殷殷的情谊，别离的悲苦，酿成了这一场渭城的醇酒。

全诗清妙婉丽，志深笔长，像极了诗人所处的盛唐风骨——清朗似月，飒爽如风。

爱人者，人恒爱之；敬人者，人恒敬之。王维的温柔敦厚，亦受到友人温柔敦厚的回应。

诗人丘为，年长王维七岁，玄宗天宝二年（公元743年）进士及第，累官至太子右庶子。丘为对继母非常孝顺，俸禄的一半都给予继母养老，无微不至地照顾继母。丘为八十多岁时，他的继母尚身体康健。贞元年间，丘为卒，时年九十六岁，是唐代享寿最高的诗人。

丘为为人谦恭揖让，彬彬有礼，与王维兴味相投，交谊颇深。他的诗多写田园风物，清幽淡逸，无叫号激愤之音，为王维称许。

一个暮春的季节，丘为到唐州赴任，王维为其盛情饯行。两人一步一回首，别离依依。

王维心怀感慨，以《送丘为往唐州》为题，吟咏新句与丘为话别：

宛洛有风尘，君行多苦辛。

四愁连汉水，百口寄随人。

槐色阴清昼，杨花惹暮春。

朝端肯相送，天子绣衣臣。

——《送丘为往唐州》

丘为情动于衷，回赠诗句留别王维：

归鞍白云外，缭绕出前山。

今日又明日，自知心不闲。

亲劳簪组送，欲趁莺花还。

一步一回首，迟迟向近关。

——丘为《留别王维》

两首酬答诗，情来意往，感情深挚。衷肠事，寄故人。正应了那句"若有知音见采，不辞遍唱阳春"。

天宝十四载，王维擢升为门下省正五品的给事中。这段时间，王维的仕途顺风顺水，一路飙进，俸禄足以养家。可是，朝堂之上，真正能插上手的事情却屈指可数。更多的朋友则选择返回田园，离开官场这是非之地，綦毋潜就是其中一个。

綦毋潜与王维多年交好，情谊深厚。开元九年（公元721年），王维曾以"圣代无隐者，英灵尽来归"的诗句，鼓励落第还乡的綦毋潜积极备考，来年再次应试。开元十四年，綦毋潜进士及第，天宝十一年任左拾遗，后升迁为著作郎。如今，年近花甲的他对昏暗的朝政充满失望，于是决定辞官归隐，到江淮一带漫游。

秋日的一个傍晚，綦毋潜来向王维辞行，王维非常羡慕綦毋潜的身无羁绊，故诗以述怀：

明时久不达，弃置与君同。

天命无怨色，人生有素风。

念君拂衣去，四海将安穷。

秋天万里净，日暮澄江空。

清夜何悠悠，扣舷明月中。

和光鱼鸟际，澹尔蒹葭丛。

无庸客昭世，衰鬓日如蓬。

顽疏暗人事，僻陋远天聪。

微物纵可采，其谁为至公。

余亦从此去，归耕为老农。

——《送綦毋校书弃官还江东》

令人无比欣慰的是，作为多年好友，虽然尽染岁月霜雪尘埃，但两人的精神世界一直是相通的。所以，王维理解朋友挂冠而去的无奈心境，也非常羡慕朋友来去自由、无所牵累。在诗中，王维抒发了自己和朋友一样的不得志，和对现实状况的忧患之情。他希望有一天，自己也能像綦毋潜一样归耕田园，坐拥山水之乐。

这首诗既写出了王维对綦毋潜的至诚祝愿，也表露了诗人在隐和仕之间两难选择的矛盾心理。

王维的不离不弃、固守坚持，是因为他渴望有那么一天，自己敬仰的玄宗皇帝能从奢靡中警醒，抖擞精神，励精图治，惩治奸佞权臣，重振朝纲，再现英年雄风。

乱世飘蓬，才名惹下大麻烦

不管怎样不甘，该来的一定会来。

人生的许多遭遇都让人猝不及防，人生的许多变故更是倏忽无常。

天宝十四载（公元755年）寒冬，万物蛰伏，草木枯零。然而，古涿州大地却风潮涌动，唐朝最强藩镇的建立者——安禄山，经过多年筹备，打着讨伐奸臣杨国忠的旗号，正式起兵反唐。

渔阳鼙鼓动地来，惊破霓裳羽衣曲。叛军仅用数月就攻达长安东门户潼关。安禄山叛军总部移到洛阳，次年正月，更是僭号称帝，国号大燕，建都洛阳。六月，由于唐玄宗错误判断形势，逼迫潼关守军主动出战。初七日，二十万唐军全军覆没，潼关失守，唐都长安成为叛军的俎上之鱼。

长安城一片混乱。

六月十二日，唐玄宗对外宣称御驾亲征。岂料，他早已没有年轻时的骁勇善战、壮志雄心。次日凌晨，竟私自带着杨贵妃姐妹、皇子皇孙、公主妃子，以及禁军千余人悄悄溜出大明宫，向蜀中逃亡。

满朝文武一概不知。第二天，众位大臣和往日一样早早上朝，却不见了皇帝，众人内心惊惧，惶惶不安。

眼明脚快的那些人旋即明白形势紧迫，顾不上收拾行李盘缠，纷纷向西南、西北方向躲避战祸。

十四日，禁军在马嵬坡发生兵变，处死杨贵妃、杨国忠，唐玄宗落魄至极。不久，太子李亨在灵武（今属宁夏灵武）自行登基，是为唐肃宗。唐玄宗成了太上皇。

王维不是一个有政治嗅觉的人，他文雅散淡的性格影响了他的行动力。在朝臣逃散避祸的时候，他忙于整理书籍、安排家眷，即使逃亡也不失斯文儒雅。

等他收拾书籍细软，坐着一辆牛车打算西出长安城时，与安禄山叛军将领张通儒撞个正着。张通儒见王维官员打扮，不敢怠慢，立即将他捉拿起来。

王维时年五十六岁，任给事中，正五品上。这样的要员自然要押解洛阳，由安禄山亲自决定裁处。

安禄山是个胡人，从小丧父，没有受过良好的文化教育，但大唐以诗歌为风尚，即使安禄山这样的粗人亦钦慕诗歌，仰慕诗人。他曾在朝堂上见识过王维提笔成诗的风采，得到王维这样一个大唐著名的诗人，如获至宝，他决定利用王维文化上的影响力，为其反叛摇旗呐喊，聚拢人才。

王维何尝不识安禄山的如意算盘。初见安禄山，安禄山表达招降之意，王维一介书生，既不会厉声呵斥，也不会破口大骂，自始至终沉默不语。等到退回押解之处，王维下定决心，拒绝与敌人合作。

王维被押解，虽然没有加镣铐枷锁，但想要弄到砒霜之类也不容易。因有专人日夜看守，自尽殉国亦非易事。于是，他想办法摆脱叛军纠缠，找机会脱身去寻找皇帝。当时正是夏末秋初，押解士兵送来饭菜，王维故意不吃，放置三五个时辰后，饭菜居然馊了。王维忍受着难以下咽的酸腐，强行吞食，到了后半夜，腹痛下泻，竟得了痢疾。

手下人不敢擅自做主，立刻汇报到安禄山处。安禄山可不想就这样让王维死掉，或者轻易放走。他命人将王维移居洛阳城南的菩提寺，改善王维的居住条件，同时安排军中的医官诊断治疗。

王维由被押解变成了被软禁。

十日之后，王维痢疾痊愈。为了让王维、陈希烈、储光羲等"弃暗投明"，安禄山下了一番苦心，特意在凝碧宫宴请他们。

安禄山附庸风雅，将大唐朝廷的梨园弟子、教坊乐工一并掳来，担任大燕国的"乐团"。王维音乐造诣很深，宴请诸臣，这一班乐工刚好派上用场。安禄山将乐工集中起来，安排大型"演奏会"，为宴会助兴。

安禄山口谕刚宣读完毕，只听台下乐工班子中一人号啕大哭，边哭边转身向西，跪地乞拜："圣上呀，我等虽为戏子，也知忠孝廉耻，不能为国演奏，也绝不为胡人助兴！"说完，他转过身来，对着安禄山破口大骂。

这位乐工叫雷海青，是大唐宫廷第一琵琶手，深得玄宗器重，任命他掌管宫廷歌舞和梨园戏剧。

场上突生变故，安禄山恼羞成怒，命令兵士用刀剜割雷海青的嘴唇。雷海青仍痛骂不止，安禄山又让人割去他的舌头。宫殿上鲜血横流，空气中弥漫着浓重的血腥之气。

雷海青口不能言，他忍受着痛苦，将手中的琵琶掷向安禄山。安禄山行伍出身，琵琶自然没有击中，摔在地上，摔成碎片，金徽玉轸散落一地。

气急败坏的安禄山，下令刽子手将雷海青拖到戏马殿前，凌迟分尸。

目睹雷海青的惨烈，梨园弟子瑟瑟发抖，王维也陷入深深的负罪之中，心如刀绞，但不能表现出来，只能强颜欢笑。王维经历过许多大型宴会，有皇帝宫廷，有王公贵族，有诗书好友，有喜庆，有分别，有消遣，唯有这一次，如坐针毡，如御寒风，如赴鸿门宴，感觉不到一丝欢畅，唯有悲戚而已。

作为顶尖艺术人才的他，却不是一位政治家，不具备政治家应有的胆识与果敢坚毅。

回去之后，王维久久不能入寐。想起白天的血腥场面，悲愤难平，在心里默默地吟诵了一首《凝碧诗》：

万户伤心生野烟，百官何日再朝天？

秋槐叶落深宫里，凝碧池头奏管弦。

——《凝碧诗》

第二天，安禄山不再征求王维和其他朝臣的意见，直接一纸"诏书"，安排陈希烈、王维、储光羲等在大燕朝廷任职。因唐朝不承认大燕政权的合法性，因此称为"伪官"。

王维的好友裴迪，位低人微，反而因祸得福，在安史之乱中没有受到大的影响，还能够保持人身自由。听说王维在洛阳做了伪官，他异常震惊。他不相信以王维的人品，甘心屈身事贼，于是他冒着硝烟战火亲自跑到洛阳，以好友身份拜见王维。王维任伪官后，虽然仍被监视，毕竟不似羁押时严格，因此并没有被完全禁止会客。

王维见到好友裴迪，内心五味杂陈，但又不敢公开倾诉自己的委屈和对大唐的忠心，只好偷偷将这首《凝碧诗》口述给裴迪，以表明心迹。

裴迪回去后，将诗带到唐肃宗所在的灵武地区，加了个很长的标题，叙述缘由，成为日后为王维雪冤的有力证据。

这首诗的诗题为《菩提寺禁，裴迪来相看，说逆贼等凝碧池上作音乐，供奉人等举声便一时泪下，私成口号，诵示裴迪》。所谓"口号"，指随口吟出，而不是写在纸上。既然随口吟出，绝不可能加这么长的标题，标题一定为裴迪所加，又隐下亲身参加宴会的情形，意在表现王维的不屈与无奈。

同时，王维还口号一首五绝，表明厌倦世事，归隐山林之意：

安得舍尘网，拂衣辞世喧。

悠然策藜杖，归向桃花源。

——《菩提寺禁口号又示裴迪》

在诗中，王维又一次表明，希望自己能够舍弃尘世的罗网，拂去衣服上的尘土，告别俗世的喧嚣，悠然自得地拄着用藜的老茎做的手杖，将自己的一生托于桃花源。

闻于行在，凝碧诗笺洗雪冤

那是一段暗无天日的日子。

身处"曹营"的王维，既不愿与叛军合作，又没有机会舍生取义，唯一的愿望便是逃脱。

是年正月，战争形势发生重大变化。安禄山的儿子安庆绪，图谋不轨，欲刺杀安禄山，自立为帝。叛军大将史思明盘踞老巢范阳，不听安庆绪调遣，叛军出现内讧。而唐军方面，以世子李豫为天下兵马大元帅，以郭子仪为天下兵马副元帅，九月率朔方军与回纥、西域军队攻取长安，十月进攻洛阳。安庆绪不敌，败走河北。至此，两都光复。

收复洛阳后，王维等三百人因在叛军政府任伪官而被押解回长安。由于人数众多，其中高官、要犯关押在大理寺或京兆狱，一般官员关押在杨国忠旧日宅邸。

伪官，相当于后世的叛徒、汉奸，是重罪。

不要说叛变投敌，即使同属大唐军队，不在同一阵营，也会被追究责任。如唐肃宗李亨称帝时，唐玄宗十六子李璘不服，在江陵拥兵自重。当时李白为李璘幕府，为永王作诗。失败后，李白被羁押，后判流放之罪。

朝廷原本打算将安禄山政权中的伪官全部处死，御史大夫李岘进谏说："同样是犯罪，有首犯有从犯，情节有轻有重，不可一视同仁。况且，河北还没有收复，如果能从轻发落，让还在敌营的大臣有悔过自新的机会。"

肃宗最后采纳了李岘的建议，将伪官按罪行大小，分六个等级惩处。第一等处死，如达奚珣，原为河南尹，协助负责洛阳防务，被俘后投敌，担任伪政府宰相一职，属罪大恶极，被斩首于鱼城西南独柳树下。第二等赐自尽，如原宰相陈希烈，被俘后投敌亦担任伪宰相一职，论罪当斩，肃宗念及过去玄宗宠信他，降罪一等，赐自尽，保全尸。第三等杖一百。第四等流放。第五、六等贬官。

王维却是例外。

王维的处罚是降级，仅仅降了一级，由正五品上的给事中，降为正五品下的太子中允。

救他的，正是那首《凝碧诗》。

其时，裴迪虽是名士，但只是七品小官，自然无权面圣辩解，进献王维的诗作。但王维的弟弟王缙正担任从三品的国子祭酒，相当于国家最高学府的行政长官，这个职位已经属高官行列，自然能够在肃宗面前说得上话。

安史之乱前，王缙只是个从六品的小官。但他侥幸追随唐肃宗，站对了队伍，唐肃宗在灵武正缺人手，于是将他任命为太原府少尹，辅佐太原府尹李光弼。李光弼是平定安史之乱的大功臣，其功绩仅次于郭子仪。水涨船高，等到重返长安，王缙已经是三品大员了。

裴迪从洛阳探视王维之后，就直趋太原找王缙，向王缙报告其兄长状况。毕竟亲兄弟感情深厚，不比别人，也只有亲兄弟才有可能记挂兄长，想办法让王维脱离虎口。

王缙凭其敏锐的政治嗅觉，预见到后面的麻烦，因此未雨绸缪，拿裴迪冒死带来的《凝碧诗》做文章，让这首诗"不胫而走"，终于有一天传到肃宗的耳朵里。肃宗正在灵武为聚拢人心而苦恼，听到这首诗，大为高兴，原来被迫任伪职的官员们，盼星星盼月亮似的期盼着朝廷！人心所向，如何能不欣喜若狂。

那个时候，肃宗心里已经原谅了王维。

朝廷商议给王维定罪时，王缙又来了个"苦情计"，在朝堂上鼻一把泪一把为兄长讲情，并表示愿意削减自己的官职，为兄长赎罪。

其他朝臣和王维素有交情，自然不会落井下石。而此时颇有权势的重臣、中书令崔圆，也力挺王维。崔圆对肃宗有拥立之功，肃宗对他言听计从，所以才有王维皆大欢喜的结局。

当然，崔圆绝不是慈善家，他有自己的小心思。安史之乱中，长安遭受破坏，崔圆的府邸也未能幸免，重建府宅，需要雕梁画栋，遍视整个大唐，谁的绘画水平最高？崔圆看中了王维。

这是王维重获自由的代价之一。另一个代价，就是王缙官降一级，贬出京城，做了蜀州刺史。

对于王维屈身伪官的这件事，大多数人表示理解和同情。王维是软弱了一点，没有杀身成仁的大义凛然，可是他又与主动投降的人有着本质上的区别。

杜甫此时在朝廷任左拾遗，他特地作诗云：

中允声名久，如今契阔深。

共传收庾信，不比得陈琳。

一病缘明主，三年独此心。

穷愁应有作，试诵白头吟。

——杜甫《奉赠王中允维》

王维很早就有名声，如今却经历艰辛困苦。庾信是南朝梁人，累官右卫将军，封武康县侯。后庾信奉命出使西魏，被留居北方。庾信非常思念江南和故国，但始终未能归还，他虽身居显要，但常常为身仕敌国而羞愧，因不得自由而怨愤。陈琳是三国时人，为袁绍写讨伐曹操的檄文，后来又投降曹操。

杜甫认为王维是庾信，而不是陈琳。颈联中"一病"指王维故意得痢疾，"三年"指任伪官时间共三个年头。在叙事之中为王维辩解，三年来始终没有忘记朝廷。尾联用了卓文君作《白头吟》的典故。卓文君与司马相如结婚后，司马相如想聘茂陵女子为妾，卓文君作《白头吟》加以阻止。尾联的意思是，经历过屈身叛军的磨难，王维一定会写出不同凡响的诗篇。

尽管时人表示理解，但这件事毕竟是王维一生的污点，也为后世道学家诟病。如宋代理学家朱熹评论说："王维以诗名开元间，遭禄山乱，陷贼而不能死。事平复幸不诛。其人既不足言，词虽清雅，亦萎弱少气骨。"由人品推及诗品，是古代评论家的一贯思路，虽多不应验，却乐此不疲。

元代吴师道也说："维文词清雅，风度高胜，超然山林间，疑其非世之人。而居位显荣，污贼不能死，适累是图，惜哉。"吴师道是朱熹的追随者，二人都是理学家，在道义上苛求于人，对王维持非议也属情理之中。

其时，王维也由此陷入深深的自责当中。之后一段时间里，他的书信、作品多次对此进行忏悔。

工部侍郎李尊派人安慰王维，王维给他回了一封信，在信中写道：

> 维虽老贱，沈迹无状，岂不知有忠义之士乎？亦常延颈企踵，响风慕义无穷也。然不敢自列于下执事者，以为贱贵有伦，等威有序。以闲人持不急之务，朝夕倚门窥户，抑亦侍郎之所恶也。而猥不见遗，思曹公命吴质，将何以塞知己之望、报厚顾之恩？内省空虚，流汗而已。

> ——《与工部李侍郎书》

信中，王维把李尊比作历史上的傅玄、信陵君、孟尝君、平原君，感谢李尊的知遇之恩。然后写道：我王维虽然不算正人君子，但也知道忠义二字。之所以不敢追随在您身边，是因为身份悬殊。王维在这里特地提到"沈迹无状""忠义之士""响风慕义"，虽然没有点明，但其中痛心疾首的情绪还是一览无遗。

无论仕途如何顺风顺水，王维都无法重新振作精神，最终还是选择辞官归隐。

卷七：晚年唯好静，书画照汗青

诗中有画，阴阴夏木啭黄鹂

古代文人能诗善画者不少，能将这两种艺术天分融会贯通，而"文章冠世，画绝古今"，卓然成大家的，寥若晨星，王维是其中最璀璨的一个。

王维以绘画之理渗透于诗，以自然笔法赋予诗歌蓬勃的生气，饱满飞动，亲切可感。其画，如无声的诗；其诗，似有声的画。

和王维同时代的文学家兼诗选家殷璠，称许李白、王维、孟浩然等二十四人为"河岳英灵"，曾经盛赞："维诗词秀调雅，意新理惬，在泉为珠，着壁成绘，一句一字皆出常境。"言及王维的诗歌清隽秀雅，精于禅理，意在言外，不拘常境，如清溪珠玉四溅，如壁画绘声绘形。

诗、文、书、画皆绝的宋代大文人苏东坡，对王维的诗、画更是青眼有加："味摩诘之诗，诗中有画；观摩诘之画，画中有诗。"这个评价言简意赅，形神兼备，令世世代代王摩诘的追随者心悦诚服，叹为观止。

在王维的笔下，没有喧嚣冗杂的俗世乱象，没有蝇营狗苟的功名利禄，少有宦海沉浮的苦闷彷徨。唯有纯净的山水，云白山青，绿树飞鸟，仿佛他的世界里从来都是一派风和日丽，温柔安宁。于平平仄仄间，氤氲着恬静淡雅的画面美，流淌着空灵清幽的音律美，浸润着端丽别致的含蓄美。一首诗即一幅流动的、挥毫泼墨的画。人境皆活，令人耳目一新，时有佳篇，如这首《积雨辋川庄作》：

积雨空林烟火迟，蒸藜炊黍饷东菑。

漠漠水田飞白鹭，阴阴夏木啭黄鹂。

山中习静观朝槿，松下清斋折露葵。

野老与人争席罢，海鸥何事更相疑。

——《积雨辋川庄作》

王维不仅是诗人、画家，还有着深厚的音乐造诣，因而对自然景物的色彩和声音，有着特别的敏锐。

这首《积雨辋川庄作》诗中有画，情景交融。时人认为："淡雅幽寂，莫过右丞《积雨》。"

青绿山水间，有身心相契者同行，才更添一份诗情画意。

在辋川别业，王维和好友裴迪一起，啸傲林泉，赋诗唱和。

辋水的二十个地名，即二十处景点。明月竹林，白石浅滩，空山青苔，古木衰柳，飞鸟夕岚。他们徜徉其间，即地命题，即景赋诗。王维以画家的眼神撷取辋川的灵秀，以音乐家的视听捕捉山水的声色，从色彩、线条、构图、空间等角度构思着墨，渲染勾勒，物我两融，情与景合，创造出一帧帧空灵隽永的传世佳作。

在辋川幽居的日子里，他的诗越写越短，语越写越浅，没有一个难懂的词，未用一个成语、一个典故，如清泉一眼见底，但诗味、意象仍韵致无穷，清幽绝俗。后来，王维隐居辋川所作的这二十首五言小诗，和好友裴迪的二十首和诗一起，辑为《辋川集》，并亲笔序文：

余别业在辋川山谷，其游止有孟城坳、华子冈、文杏馆、斤竹岭、鹿柴、木兰柴、茱萸沜、宫槐陌、临湖亭、南垞、欹湖、柳浪、栾家濑、金屑泉、白石滩、北垞、竹里馆、辛夷坞、漆园、椒园等，与裴迪闲暇，各赋绝句云尔。

——《辋川集·序》

《竹里馆》是《辋川集》其中之一，于安然静寂中隐隐有郁勃之气。

独坐幽篁里，弹琴复长啸。
深林人不知，明月来相照。

——《竹里馆》

竹里馆，顾名思义，就是在茂密的竹林里修盖的房舍。

这一片竹林，碧绿青翠，溪深人静，王维很喜欢这里。就像他喜欢竹的虚怀若谷，也喜欢竹的静笃清欢。他知道，竹是与自己气息特别契合的一种植物。

独自坐在幽幽竹林里的王维，身心放松而不孤独，仿若面对万千个自己。他安静地弹琴，俄而长啸。

夜幕降临，云气收尽，天地间充满了寒气，银河流泻无声。竹林里的月光，带着森森的凉意，扑打在他的额头、眉弯之上。细细密密的竹子在清风中龙吟细细，在万里银辉下疏影摇曳。

他记起儿时家乡祁县那片竹林，竹林旁母亲房里的琴声，琴声中浮起母亲古瓷一般光泽的清秀面庞，以及石阶上濡湿的青苔。他看见氤氲的雾气在窗花上蜿蜒，宛若岁月的痕迹。

这首《竹里馆》，诗中有画，可见一斑。

真正的友谊，大抵是基于相近性情的结合。裴迪和王维，因之同样的精神境界和理想追求，同题赋诗《竹里馆》，诗风诗韵如出一辙：

来过竹里馆，日与道相亲。
出入惟山鸟，幽深无世人。

——裴迪《竹里馆》

同处清幽之地，此心安处是吾乡。王维的"深林人不知"和裴迪的"幽深无世人"，异曲同工，衍生隐隐的清凉和禅意。心性相近的这两个，形影不离，只愿远离世尘，心安自闲。

所谓的诗画艺术，或者一切人类文化活动，都是为了把生命个体与这个世界隔开一点点的"距离"，这个"距离"予人有极大益处。天分极高的王维，异常看重分寸之感，"距离"的尺度把握得非常到位，譬如这首《辛夷坞》：

木末芙蓉花，山中发红萼。

涧户寂无人，纷纷开且落。

——《辛夷坞》

诗中写山中的辛夷花开得缤纷夺目，万绿丛中一团团红，云蒸霞蔚般灿烂。却无人赏观，也不企求有人赏观，只是不管不顾地开落，自开自败，自满自足。其实，诗人写的是落花，又何尝不是自己自言孤寂的心绪。但这种心绪只是点到为止，稍纵即逝。不沉溺，不肆意，不哀伤，更不矫情。令读者在品味诗句简约之美的同时，自觉且自然地，抽丝剥茧出字里行间淡淡的寥落，生出"岁华尽摇落，芳意竟何成"之感慨。

在日渐臻熟的诗画境界里，王维"无视无听，抱神以静"，将生活的空间感、生命的包容性、生存的洒脱意、悲与喜的隐秘，都投置在一种空静里。诗画相合，动中有静，静中有动，着墨无多，意境高远，实现诗歌由质实而空灵的美丽转身。

这首《欹湖》堪称一首优美的五绝：

吹箫凌极浦，日暮送夫君。

湖上一回首，青山卷白云。

——《欹湖》

人生最苦是离分，但在王维创造的唯美诗画里，离分成为一帧惊艳的山水剪影，荡舟在欹湖之上。

太阳落山了，载着友人的小船在幽幽的洞箫声中，缓缓地越过长长的水岸，渐行渐远。站在船头的远行人，回望着离开的江岸，但见望不断的青山隐隐，青山之上云卷云舒。

诗人送客到欹湖，吹箫作别，回首山云，山静云飞。全诗境界开阔，意味深沉。无一字言情，离情掩映其中，恍然一道悦目赏心的风景。其达观与凝练的诗语，于心底透到眼底眉间的随性，让人不觉心动。

含蓄之意，如欹湖之波，激流暗涌。晚唐的司空图做了最好的诠释：

不著一字，尽得风流。

语不涉难，已不堪忧。

是有真宰，与之沈浮。

如渌满酒，花时返秋。

悠悠空尘，忽忽海沤。

浅深聚散，万取一收。

——司空图《诗品二十四则·含蓄》

移情入景，情景交融，以吾观物，万物皆著吾之色彩，得其"有吾之境"，此亦是王维山水诗的一大特色。如这首《华子岗》：

飞鸟去不穷，连山复秋色。

上下华子冈，惆怅情何极。

——《华子岗》

读诗是一种无穷的乐趣。诗人表述的情趣和意境，不是我们所经历和能经历的，但诗中有，读到的人，一颗心自然而然就随之入境了。

自抒己情，以待知者知，诗人于此亦感到万分安慰吧。

另有写秋日斜阳的《木兰柴》，写橙黄橘绿、硕果飘香的《茱萸泮》，写四面芙蓉花开的《临湖亭》等，均美不胜收。

这些山水小诗，诗语清简，怡情传神，代表了王维后期山水田园诗的艺术特色。仿佛不加思索，出口即来，却分明是一首优美的诗，景美如画，诗美如画，不必任何加工点缀，即可成为一幅绘色绘形的山水小帧。

苏轼曾言："江山风月，本无常主，闲者便是主人。"因了闲情，因了逸致，王维的诗、画，既得山水意旨，又兼林泉情趣之妙，笔墨婉丽，气韵高清，得心应手，意到笔成。

好的作品一定是受欢迎的，无论古今。《辋川集》编成之后，风行于世，后人争相摹写。

读者读诗，同时是读诗人，读一种默契的共识，或是欣喜的发现。

对于王维的诗歌，闻一多先生给予极高的评价："王维替中国诗定下了地道的中国诗的传统，后代中国人对诗的观念大半以此为标准，即调理性情，静赏自然。"

世事纷纭，让人间苦难深重。芸芸众生，需要有一点精神给养，一点诗意情怀，来安放身心，颐养性情，从而获取生趣和能量。王维的诗歌，就具备此种功效。

诚然，内心的宁静，是最有力量的修行。最高境界的处世艺术，是不妥协却能适应现实。

驰骋于诗画王国的王维，悦山乐水，在浮世繁华中，超度自己岑寂如常的生活。如一株自由生长的竹子，以淡定自如的神情和空静的身心，与大自然融为一体，抵达艺术领空的至高境界，成为盛唐一代文宗，山水田园诗派的巨人，文人画的开山鼻祖，一个不折不扣的"不妥协却能适应现实"的高人。

画中有诗，有如仙翩谢笼樊

一事精致，便已动人。王维诗、画皆绝，且精通音律，简直可以称为"神人"。

既是"神人"，一定有着超乎寻常的神话故事。

"画石飞去"就是关于王维绘画之妙的一个美丽传说。

据元代伊世珍的《琅嬛记》中记载，王维曾为岐王画一方大石，信笔涂抹，妙在天成，仿佛有山的超拔气势。岐王非常喜欢，时常坐在画前注视，凝望久了，如同身在山中，临峰而立，感觉悠然有趣。一晃数年过去，大石神采犹在。某一日，忽然狂风大作，电闪雷鸣之中，一块大石轰然撞坏屋脊，飞出屋宇，不知所踪。待看墙壁上，只留下一幅空空的画轴。人们感到异常奇怪，却不知所以然，岐王怅惘很久。唐宪宗当朝的时候，高丽国送来一块奇石，使臣言，几十年前大风大雨中，神嵩山上飞来这块特别的石头，下面有王维的印章，方知为大唐之物，高丽王不敢私自留下，特地派遣使臣将大石送还大唐。宪宗皇帝命令群臣拿王维的印章来做比较，果然不差分毫。

这就是成语"画石飞去"的出处，比喻画技精湛，形象逼真。

虽然传说故事神乎其神，不足为信，但王维绘画的功力和技能，着实是令人信服的。其最有力的佐证和支撑，就是王维留下的《山水诀》和《山水论》，这两篇论画小品文非常系统和全面地阐释了王维的创作原则和心得，是王维对自己及当时画青绿山水及水墨山水实践的高度理论概括：

凡画山水，意在笔先。

……

春景则雾锁烟笼，长烟引素，水如蓝染，山色渐清。夏景则古木蔽天，绿水无波，穿云瀑布，近水幽亭。秋景则天如水色，簇簇幽林，雁鸿秋水，芦岛沙汀。冬景则借地为雪，樵者负薪，渔舟倚岸，水浅沙平。凡画山水，须按四时。或曰烟笼雾锁，或曰楚岫云归，或曰秋天晓霁，或曰古冢断碑，或曰洞庭春色，或曰路荒人迷。如此之类，谓之画题。

——《山水论》节选

夫画道之中，水墨最为上。肇自然之性，成造化之功。或咫尺之图，写千里之景。东西南北，宛尔目前；春夏秋冬，生于笔下。

……

手亲笔砚之馀，有时游戏三昧。岁月遥永，颇探幽微。妙悟者不在多言，善学者还从规矩。

——《山水诀》节选

《山水论》和《山水诀》这两篇画论，乘兴为文，如数家珍，俨然两篇针对学养深厚、深谙文章之道的士大夫讲解画理和画法的讲义。看似信手拈来，实则无一字不到位，无一处不妥帖，充分表明了王维高妙的画技和精湛超凡的理论水平。

"凡画山水，意在笔先"，这个观念的提出在中国画论史上实属前例，对后世画论影响极为深远。

王维倡导"画道之中，水墨为上"。他认为在绘画中，水墨山水画最为上乘，缘于水墨笔法肇始于自然的本性，呈现着天地万物创生演化的风采。

尺寸之间，或有百里千里的景致，东南西北的风光，宛如就在眼前。四时之景色，发轫于笔尖，仿若身临其中而不觉。

山水画是中国画的最高境界，它在王维的笔下呈现出崭新的面目，王维率先采用"破墨"新技法，以水墨的浓淡渲染山水，打破了以往青绿着色和线条勾勒的束缚，擢升了山水画的笔墨新意境，初步奠定了中国水墨山水画的基础。

王维曾师从李思训的青绿山水画技，又精心研习过吴道子的画作，天分极高的他集二人之技法，形成自己劲爽柔美、随性舒展的笔法，秀润纯净的画境，闲淡、含蓄的笔调。

他的画和他的诗一样，多山水小景，空静平和，从中传递出诗的韵味、歌的声趣和典雅唯美的诗意禅境，自然入妙，净化身心。

吴道子是王维同时代的著名画家，他曾随张旭、贺知章学习书法，后对绘画产生浓厚的兴趣，发奋苦学，修成正果。年未弱冠，已"穷丹青之妙"。他非常擅长佛道、人物、壁画创作，游刃余地，运斤成风，犹如神助，被世人尊为"画圣"。

仁者见仁，智者见智，在苏轼眼里，吴道子和王维的画各有千秋：

何处访吴画？普门与开元。

开元有东塔，摩诘留手痕。

吾观画品中，莫如二子尊。

道子实雄放，浩如海波翻。

当其下手风雨快，笔所未到气已吞。

亭亭双林间，彩晕扶桑暾。

中有至人谈寂灭，悟者悲涕迷者手自扪。

蛮君鬼伯千万万，相排竞进头如鼋。

摩诘本诗老，佩芷袭芳荪。

今观此壁画，亦若其诗清且敦。

祇园弟子尽鹤骨，心如死灰不复温。

门前两丛竹，雪节贯霜根。

交柯乱叶动无数，一一皆可寻其源。

吴生虽妙绝，犹以画工论。

摩诘得之以象外，有如仙翮谢笼樊。

吾观二子皆神俊，又于维也敛衽无间言。

——苏轼《王维吴道子画》

苏轼言：吴道子画风雄奇奔放，浩浩荡荡如同海浪翻腾，当他下笔时灵感犹如疾风骤雨，笔未到处气势已先夺人。吴道子的画虽绝妙，只能说明他画技卓然超群。

而王维这位可敬的诗人，诗风如香草一般芳芬秀美，他创作的壁画和诗品一样纯朴清纯，其物象表现的内在神韵，恰如一只只仙鸟飞离樊笼羁绊，超脱于形迹以外。

苏轼认为吴道子和王维两位大师的画作皆气势飞扬，富于神采，而对于王维，东坡尤为尊崇，一句异议的话都讲不出口。

天纵奇才的苏轼性情豪爽，针砭时弊、评论古今从来都是落地有声，毫不留情。对于王维的画，如此谦逊，如此倾心推崇实属难得。由此可见，王维的绘画水平确实不容小觑，称其为"文人画"鼻祖绝对实至名归。

其实，王维的青绿重彩也画得非常出色。当时正值唐代青绿金碧山水的鼎盛时期。他晚年隐居辋川时，在清源寺壁上所作的《辋川图》，就是青绿设色的珍品。

《辋川图》长29.8厘米，宽481.6厘米，有人认为此乃唐代摹本，非王维原作，现今在日本圣福寺收藏。虽有争议，但让世人借此领略了盛唐青绿重彩山水画的浩荡丰采。

《辋川图》笔墨雄壮，宛若仙境。尺幅之上，群山环抱，林木掩映，亭台楼榭，层叠端丽，山谷郁盘，清溪潺湲。春秋冬夏，变幻莫测；阴晴雪雨，空蒙如雾，散漫似尘。整幅画卷云飞水动，间有舟楫往还，萧然出尘，曲尽精微。将竹里馆、木兰柴、茱萸沜、鹿柴等二十处美景全部收纳其中，并配以五言绝句，诗画可交映，可独立，美不胜收，妙不可尽于言。

《辋川图》画中有诗，美学价值极高，观赏其画，不仅愉悦身心，还可以爽神愈疾。

相传，宋代词人秦观夏日得肠道疾病，久卧舍中不愈。友人高符仲来看望他，带来王维的《辋川图》摹本让他赏观，告诉他观看这幅画即可药到病除。

秦观全神贯注于画作之中，感觉如临其境，宛在画中游。辋川二十个景致"走"遍后，顿觉神清气爽，不久便肠疾痊愈。

病愈后的秦观心有所感，特意为《摩诘辋川图》作跋：

余襄卧病汝南，友人高符仲携摩诘辋川图，过直中相示，言能愈疾。遂命童持于枕旁阅之。恍入华子冈，泊文杏竹里馆，与裴迪诸人相酬唱，忘此身之幼系也。因念摩诘画，意在尘外，景在笔端。足以娱性情而悦耳目，前身画师之语非谬已。今何幸复睹是图，仿佛西域雪山，移置眼界。当此盛夏，对之凛凛如立风雪中。觉惠连所赋，犹未尽山林景耳。吁！一笔墨间，向得之而愈病，今得之而清暑。善观者宜以神遇而不徒目视也。五月二十日，高邮秦观记。

诚如跋文所言，"画"到病除，并非世人妄语。

因之超然出尘的意境，《辋川图》旷古驰誉，后人临摹者不少，辋川也因此成为无数文人心生向往的世外桃源。

《江山雪霁图》也是王维山水画中的神品，颇有"花远重重树，雪深重重山"的韵味。图中峰峦叠嶂，峭拔嶙峋。山间有蜿蜒小道，错落有致的峰石上覆盖着厚厚的白雪。一座静穆的寺院掩映在寒林之中，加之古朴的村落、银装素裹的松柏和枯树，更显得挺拔俊逸，超尘脱俗。另有《雪江诗意图》《雪景饯别图》等。

《画鉴》中云："王右丞工人物山水，笔意清润，画罗汉、佛像至佳。平生喜作雪景、剑阁栈道、骡纲晓行、捕鱼、雪渡、村墟等图。盖其胸次潇洒，意之所至，落笔便与庸史不同。"对王维的画评价极高。

王维的画同样受到同时代画论家的好评。唐朝画家张彦远盛赞王维："工画山水，体涉古今。"在朱景玄编撰的《唐朝名画录》一书中，曾以"神、妙、能、逸"四品来评析时人的绘画作品，王维之作被列为妙品上等。"其画山水、松石，踪似吴生，而风致标格特出。"张彦远的评价突出一个"雄"字，朱景玄的评价突出一个"妙"字。其风格妙，构思妙，运笔妙，下笔如神。

《雪中芭蕉图》是后人争议最大的一幅画，宋人沈括在《梦溪笔谈》中对这幅《雪中芭蕉图》自有独到的见解，一语道破王维的匠心独运，颇得后人嘉许：

书画之妙，当以神会，难可以形求也。世观画者，多能指摘其间形象、位置、彩色瑕疵而已，至于奥理冥造者，罕见其人。如彦远画评，言王维画物，多不问四时，如画花，往往以桃、杏、芙蓉、莲花同画一景，余家所藏摩诘画《袁安卧雪图》，有雪中芭蕉，此乃得心应手，意到便成，故造理入神，迥得天意，此难可与俗人论也。

直至近当代，大师、大家之流仍旧十分尊崇王维这位诗画皆绝的大才子。

徐悲鸿先生曾言，讲求闲情逸致的"真正有中国性格之山水画，成于八世纪之水墨山水创作者王维"。

素有考究癖好，博览群书的钱锺书亦认同："王维可以坐盛唐画坛第一把交椅，并且他精通音律，善书法，还有一手好篆刻，是少有的全才。"确实如此，古往今来，能在诗歌之外，有如此广泛成就的诗人，几百年才出一个。

不止被世人认可，王维对自己的画技也非常自信。

老来懒赋诗，惟有老相随。
宿世谬词客，前身应画师。

不能舍余习，偶被世人知。

名字本皆是，此心还不知。

——《偶然作六首》其一

在这首诗中，王维夫子自道，认为自己老了，连写诗都懒得提笔。自己前生应是画师出身，今生之所以成了诗人，乃是偶尔不小心误入歧途的缘故，很有些自得意味。

幸而有这样的"不小心"，才让世人有幸见识到诗人兼画家的王维的卓绝风采，华夏文化史的星空上，多么幸运地缀上一颗异常耀目的明珠。

晚年好静，淡泊万事不关心

人至暮年，心虽不老，但大多数人已无青壮年时的激进，唯愿放弃名利，远离烈火烹油之名利场；放低身价，保持一种万般事物但求尽心适意的心态。

晚年的王维，正是这样的境况。

安史之乱平叛之后，由于《凝碧诗》为王维洗冤昭雪，弟弟王缙怜恤兄长，不惜自降以赎保。王维并没有被肃宗为难，他的声望在当时也没有遭受多大影响。

乾元元年（公元758年）二月，赋闲数月的王维迁任太子中允。

虽然王维精神上备受打击，不过，回朝复官总是令人欣喜的，特别是和老朋友们一起再聚朝堂。毕竟，除去贬谪和问边的几年，从青春到暮年，近四十载的光阴，他都是在这里度过的。

绝处逢生的王维对肃宗皇帝的不计前嫌深表感激，他也非常感谢在这样的敏感时刻，能站出来为他说话的朋友们。无以为报，题诗相赠：

> 忽蒙汉诏还冠冕，始觉殷王解网罗。
> 日比皇明犹自暗，天齐圣寿未云多。
> 花迎喜气皆知笑，鸟识欢心亦解歌。
> 闻道百城新佩印，还来双阙共鸣珂。
>
> ——《既蒙宥罪旋复拜官伏感盛恩窃书鄙意兼
> 奉简新除使君等诸公》

在这首诗中，喜悦之情不言而喻。王维将颂赞与抒情虔诚完美地结合在文字中，化骨无痕，处处有意。虽然诗中满溢歌功颂德之情，但遣词造句并没有使人心生厌烦，带给读者的只是艺术的宏美体验，这就是王维诗歌的独特魅力之所在。

"忽蒙汉诏还冠冕，百官终于又朝天"，诗人受创的身心重获自由，压在他心头的一块巨石訇然落地，所以衍生花语含笑、鸟识欢心的轻松心境。金圣叹赞曰："前此畏罪之深，后此蒙恩之重；前此惊魂一片，后此衔感万重。所有意中意外，如恍如惚，无数情事，不觉尽出。"读到这首诗后，不仅诗人，还有读者，都如释重负。

唐肃宗乾元元年，一个春日的早晨，穿着朝服的百官肃静无声，走上白玉的阶陛，上殿朝见肃宗皇帝，尔后分立在宣政殿的两侧，沐浴皇恩，共同商议国家大事。其后，中书舍人贾至作诗，记录经历事变以后皇帝回朝宫廷中早朝的恢宏气象：

银烛朝天紫陌长，禁城春色晓苍苍。

千条弱柳垂青琐，百啭流莺绕建章。

剑佩声随玉墀步，衣冠身惹御炉香。

共沐恩波凤池上，朝朝染翰侍君王。

——贾至《早朝大明宫呈两省僚友》

贾至出生于大儒之家，文章著称当时，时人誉为"历历如西汉时文"，甚受推崇。贾至的父亲贾曾，和贾至一样官居中书舍人，职责是为朝廷皇帝起草诏书文件，玄宗受命的册文为贾曾亲笔所撰，而唐玄宗传位太子李亨的册文，则是出自贾至手笔。所谓"忠厚传家久，诗书继世长"，对贾曾父子二人的锦绣文采，唐玄宗李隆基不禁赞叹："两朝盛典出卿家父子手，可谓继美。"

所以，在诗中，贾至不无自豪地宣称自己"朝朝染翰侍君王"。是时，贾至和王维隶属中书省，杜甫和岑参隶属门下省，因而诗中有"两省僚友"字句。贾至这首《早朝大明宫呈两省僚友》，措辞富丽，高华工整，受到唐肃宗李亨及众臣的赞许。肃宗皇帝遂令朝堂上富有文采的大臣现场和诗，太子中允王维、左拾遗杜甫、右补阙岑参等奉旨唱和。于是，大明宫内即席上演一幕精彩绝伦的诗词盛宴：

五夜漏声催晓箭，九重春色醉仙桃。

旌旗日暖龙蛇动，宫殿风微燕雀高。

朝罢香烟携满袖，诗成珠玉在挥毫。

欲知世掌丝纶美，池上于今有凤毛。

——杜甫《奉和贾至舍人早朝大明宫》

鸡鸣紫陌曙光寒，莺啭皇州春色阑。

金阙晓钟开万户，玉阶仙仗拥千官。

花迎剑佩星初落，柳拂旌旗露未干。

独有凤凰池上客，阳春一曲和皆难。

——岑参《奉和中书舍人贾至早朝大明宫》

绛帻鸡人报晓筹，尚衣方进翠云裘。

九天阊阖开宫殿，万国衣冠拜冕旒。

日色才临仙掌动，香烟欲傍衮龙浮。

朝罢须裁五色诏，佩声归到凤池头。

——王维《和贾至舍人早朝大明宫之作》

王维、杜甫、岑参都是盛唐久负盛名的大诗人，齐聚一堂同题唱和实属难得。这几首和诗成为唐诗中唱和诗的典范，历来受到诗评家的重视。

久任朝官的王维，写起宫廷应制诗驾轻就熟。杜甫曾和"诗仙"李白一起寻仙访道，谈诗论文，相邀一段放荡齐赵、裘马清狂的诗侣生涯，加之其作诗刻苦，长于律诗，字字珠玉，语不惊人死不休。岑参是唐代边塞诗人的代表人物之一，其诗语奇体峻，意境出新。

四首同题诗，各有千秋，彰显着诗人的性情。所谓诗如其人，如是观。

杜甫的和诗格律严谨，岑参的和诗押韵奇险、属对精工，独王维的和诗技高一筹，因气象阔大，音律雄浑，庄重典雅，用字清新，备受嘉许。

明代胡震亨的《唐音癸签》中云："盛唐人和诗不和韵"，这首和诗只和其意，不和其韵，气势独出，格调谐和。虽是应制诗，却如日月五星，光华夺目。

从《和贾至舍人早朝大明宫之作》这首诗可以看出，朝堂之上的王维依旧是风光的，仍旧受到肃宗皇帝的重视。

然而，回朝复官并没让王维振作起来，根植于他骨血之中的儒家"食君之禄，死君之难"的节义观，让他内心滋生沉痛的自责。

臣维稽首言：伏奉某月日制，除臣太子中允。诏出宸衷，恩过望表，捧戴惶惧，不知所裁。臣闻食君之禄，死君之难。当逆胡干纪，上皇出宫，臣进不得从行，退不能自杀，情虽可察，罪不容诛。

伏惟光天文武大圣孝感皇帝陛下，孝德动天，圣功冠古，复宗社于坠地，救涂炭于横流。少康不及君亲，光武出于支庶。今上皇返正，陛下御乾，历数前王，曾无比德，万灵抃野，六合欢康。仍开祝纲之恩，免臣衅鼓之戮。投书削罪，端祓立朝，秽污残骸，死灭余气。伏谒明主，岂不自愧于心？仰厕群臣，亦复何施其面？天内省，无地自容。且政化之源，刑赏为急。陷身凶虏，尚沐官荣，陈力兴王，将何宠异？

况臣夙有诚愿，伏愿陛下中兴，逆贼殄灭，臣即出家修道，极其精勤，庶裨万一。顷者身方待罪，国未书刑，若慕龙象之俦，是避魑魅之地，所以钳口，不敢萌心。今圣泽含宏，天波昭洗，朝容罪人食禄，必招屈法之嫌。臣得奉佛报恩，自宽不死之痛，谨诣银台门冒死陈请以闻。无任惶恐战越之至。

——王维《谢除太子中允表》

正如他文中所说："臣夙有诚愿，伏愿陛下中兴，逆贼殄灭，臣即出家修道，极其精勤，庶裨万一。"他寄希望于大唐王朝重整旗鼓，祈求肃宗皇帝让他出家修道，以佛事来为天子祈福，忏悔自己的过失。

唐肃宗没有同意王维离职的请求，反而更信任他，赐予官爵。不久，王维升迁集贤殿学士衔。

被肃宗皇帝看好，官运亨通的王维虽然心理上愿倾力协助肃宗皇帝中兴大业，但行动上已力不从心，病老心惭的他，始终笼罩在一种负疚忏悔之中，一种严苛自责中，这般情绪在他晚年的诗文中草蛇灰线，伏脉千里，再也振作不起来，譬如这首《酬张少府》：

晚年惟好静，万事不关心。

自顾无长策，空知返旧林。

松风吹解带，山月照弹琴。

君问穷通理，渔歌入浦深。

——《酬张少府》

诗中的张少府，有人认为是张九龄，似乎不妥。开元二十八年（公元740年），张九龄在曲江病逝的时候，王维不到四十岁。尚未踏入不惑之门的他以晚年自居，为时尚早。所以说，张少府另有其人。在唐朝，少府的官职卑微，是县令手下的副职。晚辈张少府前来拜见右丞大人，请教有关穷通之理的疑问，王维信笔答之。

诗人说，人到晚年的他特别喜欢一个人安静地待着，不问世事，不问俗情，所有事都不愿再放在心上。他自顾自在曾经住过的山林里，过着自由自在的生活。每个清晨和黄昏，沐浴着松林吹来的清风，解开衣襟敞开胸怀，在山间明月的映照下，独自一人弹琴长啸。请君莫要再问所谓的穷通之理，莫如唱着渔歌乘着小舟，划向水的更深处。

缘于酬和之乐，这首诗写得比较乐观，也很闲情。"词不迫切，而味甚长"，用这八个字评赏这首《酬张少府》，再合适不过。明人李沂对《酬张少府》这首诗极为欣赏，大为称道："意思闲畅，笔端高妙，此是右丞第一等诗，不当于一字一句求之。"

此"右丞第一等诗"一说，当属仁者见仁，智者见智。

晚年的王维，完全沉浸在山水自然的境界中，摒弃世俗杂念，

215

心灵归于安闲、无我、丧我，在不生不灭、永恒静寂的涅槃境界中，充分地感受大自然的瞬息变化。《鸟鸣涧》就是诗人参禅悟道、浑然无我的真实记录：

> 人闲桂花落，夜静春山空。
> 月出惊山鸟，时鸣春涧中。

——《鸟鸣涧》

诗人坐在深山的夜空里，似乎听见桂花落地的声音。皎皎的明月缓缓升起，月华如银，洒向大地。不想，却惊动了正在休憩的山鸟，一声声清脆的鸟鸣，打破空山的幽静。

是时，心灵该是怎样一腔空静，超然俗尘，皈依自然本性的至静之极，才能听到桂花落和山鸟鸣的空寂之声。

这首诗最值得咀嚼是"空"字，诗中所言之"空"，不只深山的空，还有灵魂的空。心空了，才能安安稳稳地放松下来，在暗淡的夜色里，一瓣瓣打开，慢慢敞亮起来，自然中的物事才见得愈加真切。

所谓禅，并不一定是殿堂庙宇，青灯古佛。真正的觉悟，就是让自己融入自然，和山水花木同在。

另有一首《书事》，描述诗人对眼前事物顷刻间的感受：

> 轻阴阁小雨，深院昼慵开。
> 坐看苍苔色，欲上人衣来。

——《书事》

小诗即事写景，景中有人，其人又是性情中人，这样的诗也就极为难得了。"坐看苍苔色，欲上人衣来"，宛然仙家手笔。

从这些诗篇可以看出，晚年的王维，弃绝凡尘，不为物累，思想更加澄明如镜，诗如其人，其人如诗，全是神采，全是通透。

责躬荐弟，忍别青山自兹去

世人喜欢王维，除了喜欢他的诗外，还喜欢他身上的清贵气息，和才高霸气的李白不同，和穷困潦倒的杜甫不同。

这种清贵气息，使他文笔风雅，审美情趣极为纯美，诗如空谷幽兰，时有王者之香。

他的后期诗歌，有时不自觉地融入佛家理念，不过总体来讲，他的诗中还是清贵气息更多些。诗人贾岛同样事佛，但贾岛诗中僧气的寒苦浓俨，缺少盛唐的雍容与高华之气。所以王维被后世尊为"诗佛"，贾岛只能屈尊为"诗奴"。

在诗歌流派上，王维诗被后人誉为唐代"山水田园诗"代表人物之一，世人就想当然地将王维和陶潜等同视之。但王维的田园诗与陶渊明也有所不同，陶渊明"种豆南山下""戴月荷锄归"，是晨夕辛苦劳作，以劳动者的身份来歌吟田园，有田园风光之秀，有草盛苗稀之憾，亦有汗流浃背之辛。而王维则是置身于劳动之外看田园的，在他的笔下，劳动是充满诗意的，田园是刻绘如画的。所以，陈师道评论说："右丞、苏州皆学于陶，王得其自在。"

关于仕与隐，王维的态度是非常鲜明的。他劝朋友出仕时云："苟身心相离，理事俱如，则何往而不适。"在《赠房卢氏琯》中亦有"达人无不可，忘己爱苍生"这样的表述，意即要做忘却一己的达观之人，出仕为官时要惠民爱民，尽力做有益百姓的事；处于逆境时不堕其志，时时不忘天下苍生。所以，年轻时候的他并不赞同作为读书人的陶潜选择全身而退。

在一首《偶然作》中，王维表达了这样的观点：

> 陶潜任天真，其性颇耽酒。
> 自从弃官来，家贫不能有。
> 九月九日时，菊花空满手。
> 中心窃自思，傥有人送否。
> 白衣携壶觞，果来遗老叟。
> 且喜得斟酌，安问升与斗。
> 奋衣野田中，今日嗟无负。
> 兀傲迷东西，蓑笠不能守。
> 倾倒强行行，酣歌归五柳。
> 生事不曾问，肯愧家中妇。

——《偶然作六首》其四

王维以漫画式的笔法为渊明造像，夸张地写出了渊明性颇耽酒、有酒则狂的心性，不无调侃地交代了陶潜生计无着的窘况。在王维的眼中，陶潜解印绶弃官而去的行为是不理性、不合乎道的。人生在世，不能身心相离，精神世界是以物质生活为强大依托的。陶潜一生虽然人品高洁无染，但作为一个男人，他不善生业，乞食赊饮，陷妻儿于饥寒之中，不是大义之举。王维的这种见识自有他的道理。

人生中所有的变幻沉浮，不过是天地的本分。一个生活在世俗中的人，是靠人间烟火喂养的，衣食无忧是最基本的生活保障。若立足于腹中无米的饥寒交迫之中，谈何修身养性？

当然，也不能就此否认陶翁，各人性情、各人操守而已。

一生为官的王维并不看低劳动者，儒家的仁爱思想让他自幼胸怀"动为苍生谋"的远大志向入仕为官，即便参禅礼佛，也是抱着素心向善、普济众生的愿望，终生秉持此念。他亦有同情人民疾苦，反映社会现实的散文作品。譬如《请回前任司职田粟施贫人粥状》一文，以他亲眼所见，极有说服力地揭露了安史之乱带给穷苦百姓的巨大苦难：

右臣比见道路之上，冻馁之人，朝尚呻吟，暮填沟壑。陛下圣慈怜湣，煮公粥施之，顷年已来，多有全济。至仁之德，感动上天，故得年谷颇登，逆贼皆灭。报施之应，福祐昭然。臣前任中书舍人、给事中，两任职田，并合交纳，近奉恩敕，不许并请。望将一司职田，回与施粥之所，于国家不减数粒，在穷窘或得再生。庶以上福圣躬，永宏宝祚，仍望令刘晏分付所由讫，具数奏闻。如圣恩允许，请降墨敕。

——《请回前任司职田粟施贫人粥状》

上元元年（公元760年）的夏天，王维转正四品下的尚书右丞。尚书右丞是王维一生中最为显耀的官职，所以后人尊称王维"王右丞"。

王维拜任正四品下的尚书右丞后，他向唐肃宗上书《请回前任司职田粟施贫人粥状》，他请求把他前任给事中职田交给施粥之所，来救济京畿的穷苦百姓。王维的忠君爱民思想是值得肯定的。

另一件事就是施庄为寺。王维上表恳请肃宗恩准，把自己的辋川别业施为佛寺，一为赎罪，二为肃宗成就中兴霸业助力：

臣维稽首。臣闻罔极之恩，岂有能报。终天不返，何堪永思。然要欲强有所为，自宽其痛。释教有崇树功德，宏济幽冥。臣亡母故博陵县君崔氏，师事大照禅师三十余岁。褐衣蔬食，持戒安禅。乐住山林，志求寂静。臣遂于蓝田县营山居一所。草堂精舍，竹林果园，并是亡亲宴坐之余，经行之所。臣往丁凶衅，当即发心，愿为伽蓝，永劫追福。比虽未敢陈请，终日常积恳诚。

又属元圣中兴，群生受福。臣至庸朽，得备周行。无以谢生，将何答施？愿献如天之寿，长为率土之君。唯佛之力可凭，施寺之心转切。效微尘于天地，固先国而后家。敢以乌鼠私情，冒触天听。伏乞施此庄为一小寺，兼望抽诸寺名行僧七人，精勤禅诵，斋戒住持。上报圣恩，下酬慈爱。无任恳款之至。

——《请施庄为寺表》

在王维数次上书之后，肃宗终于恩准王维的善举。

是年，远在蜀州任刺史的弟弟王缙刚好回京面圣，特意到辋川和兄长团聚。乾元二年秋末，兄弟二人一起离开辋川，王维到京城居住，王缙返回蜀州。临别之际，王维以一首《别辋川别业》，和辋川的青山绿水告别，频频回眸，依依难舍：

> 依迟动车马，惆怅出松萝。
> 忍别青山去，其如绿水何。

——《别辋川别业》

弟弟王缙同题相和：

> 山月晓仍在，林风凉不绝。
> 殷勤如有情，惆怅令人别。

——王缙《别辋川别业》

京师，依旧繁华。王维居住的房舍，陈设简陋，没有一件奢华的用品。仅有茶铛（煮茶器皿）、药臼、一张经案、一挂绳床而已。王维每日"居常蔬食，不茹荤血"，竟与孔子晚年的生活如出一辙。每个清晨和黄昏，他焚香独坐，以诵读经书为事，为朝廷，为百姓礼佛祈福。

王维离开辋川后，好友裴迪被唐肃宗派遣到蜀州做小吏，特地到京师向王维辞行。两位相交几十年的好友，如今鬓发皆白，却要别离，不知何时才能相见。

裴迪离去后，王维无限惆怅，感慨万千，遂口占一绝：

宿昔朱颜成暮齿，须臾白发变垂髫。
一生几许伤心事，不向空门何处销！

——《叹白发》

一盏青灯，灯影昏黄。今夜的佛堂，倍加空寂、清冷，诗人不由得想到佛教的"灭寂"，或许，只有遁入空门，方可解脱人生的凄苦。

他的伤心，为朋友，为自己，更为国事、家事。

虽然，肃宗皇帝派兵战胜了安禄山、史思明的两路叛军，收复了两京，决心重振朝纲，但是遭受藩镇割据、战火洗礼的大唐，再也不是开元盛世时期的大唐。

王维关心国事，体恤受累于战乱的黎民百姓，对于当前的政治形势力不从心。他知道，振兴大业需要贤才力将来辅佐皇上，于是想到了弟弟王缙。王缙文笔泉薮有"朝廷左相笔，天下右丞诗"的说法，王缙胸有谋略，有政治魄力，应是得力的人选。为公为私，他都希望王缙早日还京。

于是，王维上书朝廷，请求免去自己的官职，换取弟弟王缙回京辅佐皇上：

臣维稽首言：臣年老力衰，心昏眼暗，自料涯分，其能几何？久窃天官，每惭尸素。顷又没于逆贼，不能杀身，负国偷生，以至

今日。陛下矜其愚弱，托病被囚，不赐疵瑕，屡迁省阁。昭洗罪累，免负恶名，在于微臣，百生万足。昔在贼地，泣血自思，一日得见圣朝，即愿出家修道。及奉明主，伏恋仁恩，贪冒官荣，荏苒岁月，不知止足，尚忝簪裾。始愿屡违，私心自咎。

臣又闻，用不才之士，才臣不来；赏无功之人，功臣不劝。有国大体，为政本原，非敢议论他人，窃以兄弟自比。臣弟蜀州刺史缙，太原五年，抚养百姓，尽心为国，竭力守城。臣即陷在贼中，苟且延命，臣忠不如弟，一也。缙前后历任，所在着声，臣忝职甚多，曾无裨益，臣政不如弟，二也。臣顷负累，系在三司，缙上表祈哀，请代臣罪。臣之于缙，一无忧怜，臣义不如弟，三也。缙之判策，屡登甲科，众推才名，素在臣上。臣小言浅学，不足谓文，臣才不如弟，四也。缙言不忤物，行不上人，植性谦和，执心平直。臣无度量，实自空疏，臣德不如弟，五也。臣之五短，弟之五长，加以有功，又能为政。顾臣谬官华省，而弟远守方州，外愧妨贤，内惭比义，痛心疾首，以日为年。

臣又逼近悬车，朝暮入地，阒然孤独，迥无子孙。弟之与臣，更相为命，两人又俱白首，一别恐隔黄泉。倘得同居，相视而没，泯灭之际，魂魄有依。伏乞尽削臣官，放归田里，赐弟散职，令在朝廷。臣当苦行斋心，弟自竭诚尽节，并愿肝脑涂地，陨越为期。葵藿之心，庶知向日；犬马之意，何足动天。不胜私情恳迫之至。

——《责躬荐弟表》

这是一纸真切的陈情表，一笺泣泪涟涟的荐弟书。

在上表中，王维首先陈述了自己因年老力衰，不能为国效力，为民做事，为皇帝分忧解难的歉疚之心，又不无沉痛地抒发自己"陷在贼中，苟且延命"的忏悔补过之情。

之后，他冒私进荐其弟，从选贤任能是为政本源来展开话题，用对比的方法，详细论述"臣之五短，弟之五长"，弟弟王缙在忠、政、义、才、德五个方面的所长，是自己所不及，说明弟弟王缙之前为国所做的贡献，并且之后还可以为朝廷的中兴再次倾心尽力做出一番大事业（王缙晚年佞佛，走火入魔，做下许多错事，此是后话）。

尔后写弟兄两个已近悬车之年，膝下无子，寂寞孤居，能厮守在一处的日子已经不多，希望能相依为命，共度暮年。为此，王维情愿去官归田，举荐弟弟王缙归朝做官。

肃宗皇帝被王维的棠棣深情所打动，调遣王缙由蜀州转任离京三百多里的凤翔，后转入京师为官。

可惜的是，弟兄俩终究未能见上最后一面。

上元二年（公元761年），七月盛夏，酷暑难当，王维预感自己大限将至，便给弟弟王缙写下一封遗书，又作数幅告别书，嘱咐下人送与平生亲故，敦厉亲朋奉佛修心，各自珍重。随后，他停笔坐化，悄无声息地离去，时年六十一岁。

能这么清醒地为自己了却身后事，如此从容安静地与世诀别，千百年来，孰有几人？

杜甫盛赞"高人王右丞"，断然不虚。

王维的丧期过后，弟弟王缙将兄长散佚在民间或者朋友处的诗文，进行收集，加以编纂和整理。是时，王缙已经晋升为当朝宰相。

唐代宗素来爱好文学，某日一时兴起翻阅本朝诗人的诗作，召来王缙询问："王爱卿的兄长摩诘居士，在开元、天宝诗名最盛，朕常常在诸王那里听闻，今保存有多少文集，爱卿可带来朝堂？"

王缙恭敬地回禀皇上："微臣兄长开元中留下的诗有百千余篇，天宝时期的诗作，十不存一。微臣将兄长与亲故间来往的诗篇收集编纂，有四百余篇。"于是他将王维《进王右丞集表》十卷，四百多篇诗文上奏给朝廷，广为传颂。

王维的诗文得以流传后世，弟弟王缙和唐代宗功不可没。

王维、李白和杜甫，成为开元、天宝年间诗歌史上的三驾马车。

世人有"李白是天才，杜甫是地才，王维是人才"之论。天才，天马行空，不可羁勒；地才，心系民生，有大地的厚朴；人才，性情为高，修为至上。

在才子横行、诗人辈出的盛唐时代，文章绝伦者如过江之鲫。但是，倘若少了王维，大唐的精神气质则少了几许清妙空灵。

王维在盛唐诗坛上开辟的清丽雅洁诗风，难得几人望其项背。

陶渊明和谢灵运以来，山水田园成为诗歌创作的重要题材，王维得之陶潜的自然妙成，取谢灵运的精工曼丽，又糅进自己深厚的绘画、音乐素养，创作出"诗中有画，画中有诗""诗中有禅"的一系列佳作，成为山水田园诗一面不倒的旗帜，诗史上开宗立派的大师。

王维的创作才能又是多维度的，五律和五言、七言造诣最高，七律或雄浑华丽，或澄净秀雅。七古形式整饬，气势宏大，堪称盛唐七古中的佳篇。散文也时有佳作，为后人师法。

王维去世之后，王缙按照兄长生前的遗愿，将他葬于辋川别业清源寺西王母的墓旁。

他终于可以远离尘世的疾苦，可以和父母、妻子，还有他们夫妻俩那个未曾谋面的孩子，一家人在另一个世界团聚去了。

一代诗佛，在辋川的明月清风、松林竹泉下静静地安息。

人世有终，但王维的清雅与风流，当与辋川山水一般，山翠拂衣，芳流无竭。

图书在版编目（CIP）数据

释放自己，便生欢喜：王维传 / 夏葳著 . — 南京：
江苏凤凰文艺出版社，2019.9 (2023.8重印)
ISBN 978-7-5594-1764-0

Ⅰ . ①释… Ⅱ . ①夏… Ⅲ . ①王维（699—759）– 传记
Ⅳ . ① K825.6

中国版本图书馆 CIP 数据核字 (2019) 第 139976 号

释放自己，便生欢喜 ：王维传

夏葳 著

责任编辑	白 涵 刘洲原	
特约编辑	魏 佳	
装帧设计	FBTD studio	
责任印制	刘 巍	
出版发行	江苏凤凰文艺出版社	
	南京市中央路 165 号，邮编：210009	
网 址	http://www.jswenyi.com	
印 刷	北京中科印刷有限公司	
开 本	880 毫米 × 1230 毫米 1/32	
印 张	7.5	
字 数	150 千字	
版 次	2019 年 9 月第 1 版 2023 年 8 月第 9 次印刷	
书 号	ISBN 978-7-5594-1764-0	
定 价	46.00 元	

江苏凤凰文艺版图书凡印刷、装订错误可随时向承印厂调换